年商10億円
最速達成の
3大ポイント

村松 勝・吉田隆太 著

セルバ出版

はじめに

カテゴリーキラーで年商10億円を狙う！

こんにちは、株式会社ミスターマーケティングの村松です。

当社は、中堅・中小企業を対象にして、カテゴリーキラーづくりをお手伝いしているコンサルティング会社です。設立から現在までの13年間で３００社を超える企業のカテゴリーキラーづくりをお手伝いしてきました。

主に年商数千万円から、50億円ほどの企業を対象として、コンサルティングをしています。成果としては、２〜３年の期間で2億円から10億円ほどの新しい売上を生み出しています。

これまでコンサルティングをした企業のうち概ね半分は、ＢｔｏＢ（法人向け）ビジネスを行っている会社です。ＢｔｏＢビジネスは、特殊な業界が多く、特定の部品・素材・機械などのものづくりをしているメーカー系や、特定商材の卸売り・人材派遣・ＩＴ関連・特殊な業務サポートなどのサービス系の他、実に様々な業種の経営者からご相談をいただきます。

残りの半分がＢｔｏＣ（消費者向け）ビジネスです。こちらも、雑貨・家電・食品・衣料・玩具などのメーカー系や、サービス系など様々な業種があります。通販・リフォーム・冠婚葬祭・衛生関連・飲食店やクリニックなどの店舗業、あげればきりがありませんが、多くの業種からコンサルティングの依頼を受けてきました。

カテゴリーキラーという言葉は、あまり聞きなれない方も多いかもしれません。一般的には、百貨店や総合スーパーのような広いカテゴリーを扱う総合小売業に対して、ユニクロやニトリのように、ある業態に専門特化して展開している小売業のことを「カテゴリーキラー」と言います。

当社では、この意味合いを少し広く定義して、「競合他社を圧倒する強い商品・サービス・事業」をカテゴリーキラーと呼んでいます。

最近では、日経新聞の記事などでも当社と同じ意味合いで、カテゴリーキラーという言葉が使われるようになってきました。

本書は、これまで13年間で、300社を超える企業の指導経験から、中小企業の経営者に対して、年商10億円最速達成のポイントをお伝えするものです。**最初に結論を言ってしまえば、どんな会社でもカテゴリーキラーを生み出せば、年商10億円を狙うことができます。３年で10億円の壁を突破する！　そんなことも夢ではありません。**

ところで、年商10億円を狙うといっても、本書を読まれている方の会社の状況は様々だと思います。本書は、主に次のような課題をお持ちの経営者のために書いています。

「長く商売をしているが、年商10億円の壁がなかなか超えられない」
「新しい事業を立ち上げて、最速で年商10億円までいきたい」

「他社に入りこまれない独自の10億円市場を創りたい」
「売れる商品（またはサービス）を連続的に生み出せる会社にしたい」
「価格競争から抜け出していく経営のポイントを知りたい」
「斜陽産業から抜け出して、もう一度会社を元気にしたい」

当社には、このような課題を持ち、全国からご相談に来られる経営者が絶えません。よく経営者から、「なぜ、どんな業種の会社がきても指導できるのか？」と聞かれます。

それは、市場で売れる原理原則はどんな業種も同じだからです。お客様がいて、競合がいて、自社がある、この構造は変わりませんから、そこに、原理原則を当てはめて、カテゴリーキラーを生み出しています。

当社では、通常、半年〜1年かけて、じっくり指導を行います。そして、このプロセスでは、カテゴリーキラーを生み出すお手伝いをするだけではなく、ノウハウそのものを習得していただくことを最終ゴールとして指導しています。

なぜなら、どの会社もいつまでもコンサルタントに頼りきりでは、本当の成長はできないと考えるからです。

実践でやり方を指導して、その原理原則の意味合いを理解してもらい、その先は自分でもどんどんカテゴリーキラーを生み出してもらいたいという想いがあります。

どんな分野でも、実践抜きの座学だけでは、人の成長はありません。自分で成功体験を積んでこそ、「そうか、こうやるのか！」と初めて自分の腹に落ち、真の成長ができます。そのお手伝いを一社一社丁寧にやっています。

参考までに、お悩みを抱えて相談に来られ、当社の指導を受けて、成果を出した社長の声を紹介します。

●食品メーカー（S社 社長）

お悩み『商品開発のノウハウがほしい』

「指導後は、新商品のヒット率が5倍以上になり、年商も10億円を突破しました。今は、受託の仕事ではなく、自社商品の製造がメインになりました」

●業務用モニターメーカー（Q社 社長）

お悩み『新規事業を加速させたい』

「今期の売上は前年の2・5倍に、見込客は3倍に増えました。驚くほど早く効果が出て、大忙しの日々に激変しました」

●金型メーカー（N社 社長）

お悩み『価格競争から抜け出したい』

「お陰様で厳しい価格競争から抜け出す経営が実現できています。TV番組『ガイアの夜明け』他、多数のメディアで紹介されるようになりました」

●業務用資材メーカー（N社 社長）

お悩み『差別化した戦略をつくりたい』

「教えていただいたことを実行したら、注文がすごく増えて工場がフル稼働しっぱなしの状況です。これまで、うちの業界で差別化は難しいと思っていました」

●家電メーカー（I社 社長）

お悩み『ヒット商品をつくりたい』

「売上は10倍以上、10万台売れるカテゴリーキラーになりました。テレビ番組『がっちりマンデー』でお決まりのポーズを皆でやりました」

●輸入雑貨商社（K社 社長）

お悩み『売上をV字回復させたい』

「売上7割減の危機的状況から、組織をあげて新たなカテゴリーキラー商品を投入し、売上をV字回復させ、売上はもとの8億円まで回復しました」

●紙加工業（A社 社長）

お悩み『在庫の山をなんとかしたい』

「まったく売れずに困っていた商品が、今では会社の売上を支えるカテゴリーキラーになりました！　月に1万個以上売れて驚いています。展示会のコンテストでも金賞をとりました」

●建材メーカー（T社 社長）

お悩み『商品をブランディングしたい』

「経営の軸が1つできたと感じています。実績としては、短期間で見込客5000件以上、客単価が140％になりました。売上も5億から8億円まで伸びました」

●歯科医院（Ｉ社 社長）

お悩み『新規の患者様を増やしたい』

「苦しかった経営危機を乗り越えて、初診患者さんが8倍以上に増えました！数年で、年商も3倍になりました」（個人歯科医院トップレベルの売上規模へ成長）

●飲食店（Ｋ社 社長）

お悩み『お店の経営を回復させたい』

「カテゴリーキラーで、新規のお客様が続々来店するようになりました。お陰様で苦しい時期を乗り越えて、順調に商売を続けられています」

●店舗サービス（Ａ社 社長）

お悩み『新規事業を加速させたい』

「既存のお店は売上1・5倍になり、新規事業は各段にスピードアップして、すべての店舗が満員の状況です。『想い』を『戦略』に落とし込むノウハウが、実践でとても役に立ちました」

ここに挙げた例は、売上規模の差はありますが、いずれもカテゴリーキラーをつくり、力強く売上を生み出して躍進した社長の声です。

あなたらしい「想い」で、10億円市場をつくってほしい

13年前に独立するまでは、10年ほど広告代理店の業界にいました。仕事は、大企業の商品・サービスを市場に拡大させるお手伝いです。

そして、ある出来事をきっかけに、これからは大企業ではなく、中小企業専門でやっていこうと決意して独立をしました。中小企業専門で仕事をやっていこうと決意した最大の理由は、**「想い」がある社長と直接仕事をしたかったから**です。

当然ですが独立直後は、顧客ゼロ、実績ゼロですから、厳しいところからのスタートです。

一社一社のご縁を大切にして、膝を突き合わせて、真剣に議論を重ねて、社長の「想い」をカタチにするお手伝いをしてきました。そして、先に紹介した企業は、そんな素晴らしい「想い」を持たれている社長ばかりです。

「想い」がある社長とは、夢を持ち、本気で事業に挑んでいる方です。

もちろん、多くの社長が一生懸命にやっていますが、目先のことに流されずに、本気で自らの事業を【自分らしいカタチ】に創り上げようとされている方は意外と少ないです。特に年商10億円規模の会社を経営されている社長となると、ぐっと数は少なくなります。

中小企業といえば、世間一般では、あまり儲からない、8割が赤字、といったイメージを持たれている方も少なくありません。しかし、実際には、本当にいろんな会社があって、規模が小さくても、本気の「想い」で挑戦して、成功を手にしている会社がたくさんあることがよくわかりました。

そんな会社の社長は、本当にその人らしく仕事人生を送られていて魅力的です。売上規模は小さくても、税引き後の最終利益で見れば大企業に負けていない会社も少なくありません。

当社には、年商10億円を超える事業をつくり、さらにその先に進むために、カテゴリーキラーづくりに挑戦される社長がたくさん来ます。そういうエネルギー値の高い社長と仕事をしていると、こちらもどんどん元気が出てきます。

そして、これまで13年間の経験で、いろんな社長の「想い」を聞いて、一緒に「戦略」づくりをお手伝いしてきました。

社長の「想い」をカタチにするというゴールに向けて、かなりのケーススタディとノウハウがたまったと思います。そこで、本書では、これから年商10億円市場をつくりたいと考えている社長に向けて、そのノウハウを3つのポイントに集約してお伝えします。

ポイント1は、『独自の戦法で、自社だけの10億円カテゴリーをつくる!』と題して、年商10億円を超えている企業がどんな「切り口」で10億円ビジネスを展開しているか、既に年商10億円を突破している会社の事例をもとに、7つの「切り口」をお伝えします。

ポイント2は、『異様なまでの突出感づくり!』と題して、カテゴリーキラーづくりに必要な要素を説明します。当社の指導を受けた会社が、売れなかった商品をカテゴリーキラー化して、前年比売上30倍の主力商品に変え、さらに、年商5億円の事業をわずか3年で10億円まで拡大した具体事例を解説します。

ポイント3では、『顧客、メディア、社内の加速巻き込み!』と題して、自社独自の市場を最速でつくっていく際に必要なポイントを解説します。

本書は、前著『儲かる10億円ヒット商品をつくる! カテゴリーキラー戦略』で解説したカテゴリーキラー戦略について、内容がかぶる部分もありますが、別の事例や、また違った視点で描くことで、さらに、理解を深めていただく内容になっています。

特に、最速で年商10億円を達成したいという、忙しい中小企業の経営者に対して、短時間で儲けのポイントがつかめるように、カテゴリーキラー戦略のエッセンスを、3つのポイントに絞ってお伝えするものです。

本書が、何かしらの気づきを得て、少しでも経営のお役に立てたらと願っております。

それでは、さっそく本題に入りましょう。

2020年9月

村松　勝
吉田　隆太

年商10億円最速達成の3大ポイント　目次

はじめに

年商10億円最速達成のポイント（1）
独自の戦法で、自社だけの10億円カテゴリーをつくる！

年商10億円最速達成のポイント（2）
異様なまでの突出感づくり！

年商10億円最速達成のポイント（3）
顧客、メディア、社内の加速巻き込み！

10億円達成で社長の夢が叶いはじめる!

年商10億円最速達成のポイント（1）

独自の戦法で、自社だけの10億円カテゴリーをつくる！

あなたの事業を加速させる、７つの「切り口」

ここからは、年商10億円最速達成のポイント（１）として、年商10億円を超えて、躍進している実際の会社の事例をもとに、ビジネスの７つの「切り口」を紹介します。

その７つとは、【①新セグメント】【②ギフト大転換】【③川上シフト】【④スーパー知財】【⑤連携タッグ】【⑥単品突破】【⑦大型トレンド】です。

世の中には、この７つの「切り口」以外にも、もっと多くの「切り口」がありますが、当社とご縁があった、優れた経営をしている会社の事例を中心に解説していきます。いずれも実際に年商10億円を超える売上を生み出し、会社を大きく成長させた事例です。

具体的な事例に入る前に、まずは「７つの切り口」について、概略を説明します。

【①新セグメント】

「切り口」の１つ目は、「新セグメント」です。ここで言う「**セグメント**」**とは、**

お客様の「層」を意味します。「新セグメント」は、市場を俯瞰して、売上拡大につながる新しいお客様の「層」を見出し、あなたの事業を加速させるためのビジネスの「切り口」です。

「新セグメント」を発掘して、カテゴリーキラーを提供していくことで、創業3年で、年商10億円の売上を達成した事例や、古くからある商品ジャンルで、カテゴリーキラーを生み出して大きな売上を上げた事例などをお伝えします。

【②ギフト大転換】

「ギフト大転換」は、自社の強みを活かし、今扱っている商品をギフト市場に投入していき、大きな売上をつくっていくという「切り口」です。

ここでは、事業を拡大していくにあたって、ギフト（贈り物）の市場を開拓していく視点を解説します。

実際に個人商店から、「ギフト大転換」を決意し、カテゴリーキラーを生み出して、年商10億円を超える売上を生み出した会社を紹介します。

【③川上シフト】

商品が市場に流通するときに、生産に近いほうを「川上」、卸売業のように中間に位置する会社を「川中」、小売業など消費者に近いところに位置する会社を「川下」と言います。

「川上シフト」は、自社の位置づけを川上へシフトさせて、大きな売上を上げるというビジネスの「切り口」です。

川上へのシフトに挑戦して、次々とカテゴリーキラーを生み出して年商20億円の規模に成長した会社を紹介します。

【④スーパー知財】

知財とは、知的財産権のことです。知的財産権には、著作物や工業所有権（特許、実用新案、商標権、意匠権など）があります。

「スーパー知財」は、この知財をうまく活用することで、大きな売上を狙っていくビジネスの「切り口」です。

ここでは、特許を活用しカテゴリーキラーを生み出して、年商20億円の市場を築いた会社や、自社商品づくりに挑戦して躍進している会社の事例などを紹介します。

【⑤連携タッグ】

「**連携タッグ**」は、**他社と連携して、魅力的な市場をつくり出すというビジネスの「切り口」**です。

自社で特許のような難しい知財を持てなくても、独占に近い形で経営をすることが可能です。

ここでは、販路に強みを持つ会社が、技術力が高い会社と組んでカテゴリーキラーを生み出し、年商40億円を超える市場を生み出した事例を紹介します。

【⑥単品突破】

単品とは、1つの商品という意味です。

「**単品突破**」は、**徹底的に1つの商品を磨き上げて、自社独自の市場を生み出していくというビジネスの「切り口」**です。

これまでにない新しい発想でカテゴリーキラーを生み出して、年商１００億円まで成長した会社の事例や、最速で年商15億円の独自市場を生み出した事例を紹介します。

【⑦大型トレンド】

最後に、**これから先の大きなトレンドを読み、巨大市場をつくり出す「大型トレンド」**という「切り口」を紹介します。

実際にカテゴリーキラーを大成功させて、ぐんぐん売上を伸ばし、年商１０００億円を超える市場を生み出した会社の事例を紹介します。

どのビジネスの「切り口」も、年商10億円を超える売上を生み出していく可能性を持っています。あなたの会社の次の一手として見たときに、応用可能な「切り口」がないか、考えながら読み進めてください。

創業3年で10億円企業をつくる！【①新セグメント】

どの競合企業もまだあまり手を出していないセグメント（お客様の層）であれば、非常に早く、自社独自の市場を築ける可能性があります。

みなさんの身近にも、この「新セグメント」で大きな売上を上げている例がたくさんあります。

例えば、ハーゲンダッツは、アイスクリーム市場で一般的であった子ども向けではなく、「高品質なお菓子を求める大人」という「新セグメント」で成功をしました。また、眼鏡の市場では、ＪＩＮＳが、目が悪い人ではなく「目が正常な人」という「新セグメント」に向けて、ＰＣのブルーライトをカットする眼鏡を販売して、大きな売上を上げています。

このように「新セグメント」で成功している会社はまだまだたくさんありますが、スマホ社会になり、ネット環境がぐっと身近になった現代では、**「新セグメント」に対してインターネットを使い、うまく商品・サービスを提供すると、短期間で年**

商10億円を超える売上を築くことも可能です。実際に、当社には、ネット通販で、「新セグメント」に喜ばれる商品を提供して、短期間で億単位の売上を築いた会社が相談に来られることがよくあります。

ある健康関連商品を扱っていた会社は、**「新セグメント」に向けてカテゴリーキラーを生み出して、創業3年で年商10億円を超える売上までに成長しました。社員数は、わずか数名です。**

商品の製造は、外部のメーカーに委託していますから、非常に身軽な経営をしています。同社のように外部に製造を委託している会社は、売れる商品として、いかにカテゴリーキラーをつくるか、そして、その商品をいかに広めていけるかが成功のカギを握っています。

この健康関連商品を扱っていた会社も、商品を企画する段階で、これまであまり他社が手を付けていなかった新しいセグメントに注目して、カテゴリーキラーをつくりました。そのセグメントとは、「子ども」です。

その業界では、まだまだ、「子ども」の市場は小さいですが、市場が小さいことが逆に中小企業にとってメリットになることがあります。それは、市場規模が小さすぎて、大手企業が入り込めないということです。

ネット通販の場合は、広告を使って、ニーズを掘り起こしていく販売努力は必須です。そして、広告テストを繰り返して、投資対効果が出てくるようになると、ものすごい勢いで売上が上がります。うまくいくと年商は、2億円、3億円とぐんぐん伸びていきます。

ただし、ネット通販で、年商5億円、10億円と伸び続けているようなときは、注意が必要です。競合の参入が増えてくる時期に差しかかっているということで、一番注意しなければならないタイミングです。

ネット通販で広告を繰り返していると、その広告は競合企業に丸見えです。儲かるとわかった競合企業がどんどん参入してきます。大手企業の参入はなくても、まずは中小企業の参入が激化していきます。

さらに、それなりの市場になってくると、大手企業も参入してきますので注意が必要です。

ですから、**売上が上がっているうちに、次の新しいカテゴリーキラーを生み出**

していく必要があります。

またネット通販でなくても、あらゆる業界で「新セグメント」を考えていくことは、有効です。

ある生活家電メーカーは、海外生産でコストを抑えた商品を展開して、それなりの市場を築いていました。しかし、いつしか、その市場にも競合が増えてしまい、価格競争は激化して、思うように売れなくなってしまいました。

そこで、当社の指導を受けて「新セグメント」の発掘を行いました。

古くからある、なじみの生活家電は、業界の常識にとらわれた発想の商品ばかりでした。**このように、古くからあるジャンルの商品やサービスは、見方を変えれば、「新セグメント」のチャンスが埋もれていることがよくあります。**

業界の常識や、見方を変えるということは、その業界にどっぷりつかっている人からすれば、とても難しいことでしょう。

しかし、**「新セグメント」を発掘していくことは、既存のビジネスモデルを活かした取組みができる**という経営的に大きなメリットがあります。新規事業のように、大きな投資や時間を要せずに成功させる可能性を秘めています。

この生活家電メーカーも、既存の商品や販路を十分に活かして、「新セグメント」のカテゴリーキラーを生み出しました。

その後は、勢いよく売れていき、ヒット商品として、日経ＭＪの第一面で紹介されたり、著名なテレビ番組、雑誌等に多数取り上げられました。

結果として、10万台を超える販売で大きな売上を上げ、同業界で脚光を浴びるカテゴリーキラーになりました。

個人商店を10億円企業に変える！【②ギフト大転換】

中小企業は、大企業のようにたくさんの商品を生産することができません。社員数も少ないですし、製造現場の規模にしても小さな工場を経営されている会社がほとんどです。また、大企業と比較すると、コストを下げて大量の商品を提供することもできません。

なんだか、ないない尽くしに聞こえますが、規模が小さいということがメリットになることもあります。

大企業は、大原則として少量の販売や小さな市場では会社を維持できません。できるだけ大きな市場に対して、低コストを実現して、より多くのお客様に喜ばれる商品・サービスを提供していく基本的な役割があります。これと反対に、手間暇をかけて、高品質な商品やサービスを、少量でも丁寧に提供していくことができるのが、中小企業です。

そして、この大原則を活かせる1つの手法が、「ギフト大転換」という切り口です。**「ギフト大転換」は、その名のとおり、今扱っている商材をギフトとして、売り出すという考えです。**

あなたの会社が、こだわりの商品を扱っていたり、こだわりの技術で商品を生み出すことができるのであれば、ギフト市場での展開を検討してみてもよいと思います。

ギフトが送り手に喜ばれる要素としては、「希少性」があげられます。

少し高価でもこだわりのある商品はギフトに最適です。つまり、ギフトは、中小企業が手がけるのに向いているのです。

もし、あなたがお店を経営していて、こだわりの商品を提供しているのであれば、ギフト市場に目を向けてもよいと思います。そのお店に歴史や商品誕生までのストーリーがあれば最適です。個人商店が、ネット通販を行って成功している例は、珍しくありません。

当社にも、以前、個人商店で取り扱っていた商品を、ネット通販で「ギフト」として売るようになり、大きく事業を発展させた会社が相談に来られました。

同社は、特定の食材を扱う老舗の個人商店でしたが、この先は、周辺地域のお客様だけに商品を売っていくだけでは、商売が厳しくなると考えました。

そこで、全国を対象に、自社商品を「ギフト」としてネット通販で売っていくことに挑戦しました。

同社は、自社の発展のみならず、扱っている食材の業界そのものに対する未来も切り開いていくという、多くの人が共感できる「想い」を持たれています。そのような素晴らしい「想い」を柱として、ぶれないコンセプトで、お客様に喜んでもらえる「ギフト商品」としてのカテゴリーキラーを開発しました。

立ち上げには相当な苦労をされたものの、どんどん事業を成長させ、あっという間に年商10億円を超える事業規模まで成長しました。

そして、当社には、次の柱としてのカテゴリーキラーをつくる目的で来られました。

さて、ひとくちに、ギフトといっても、いくつかの方向性が考えられます。

●お土産としてのギフト

地元の素材を使って商品を提供している会社であれば、地域のお土産という方向性もあると思います。その場合は、その地域に訪れた人の感情に刺さるコンセプトをつくることが大切です。

当社とお付き合いがある、ある雑貨メーカーは、地元の雅なイメージを商品に転化して、外国人観光客のハートを掴み、今ではお土産売り場の定番商品になっています。

●季節に特化したギフト

季節に特化したギフトとは、「母の日」「父の日」「敬老の日」や、「クリスマス」「バレンタインデー」といった、毎年訪れるギフト需要です。

以前、相談に来られたある製茶メーカーは、当社の指導を受けてカテゴリーキラーを生み出し、初年度から雑貨業界では驚きの3万個を売りました。

初年度から大きな売上を生み出せた理由の1つは、このカテゴリーキラーを「母の日」用として売り出したことがあげられます。

●シーンに特化したギフト

シーンに特化したギフトとは、様々なお祝いシーンを活用するギフトです。

「誕生日祝い」「入社祝い」「退職祝い」「昇進祝い」「引っ越し祝い」「新築祝い」など、人生にはお祝いするシーンがたくさんあります。様々なお祝いシーンにおいて、定番となるカテゴリーキラーが生み出せれば、年商10億円も夢ではありません。

ギフトの展開はこの他にもまだ考えられると思いますが、重要なポイントは、「今あ

る会社の資源をうまく使って、ギフトビジネスに転用できないか」を考えることです。

儲からない業態は捨てて年商20億円！【③川上シフト】

ある食品卸売会社は、「川中」の問屋業には未来がないと見立てて、「川上」の食品メーカーに業態転換しました。

予想通り、その直後から、ばたばたと同業の問屋が倒産していきました。それを横目に同社は、5億円、10億円とぐんぐん売上を伸ばしました。そして、今では、年商20億円の食品メーカーに成長しています。

この例のように、問屋からメーカーへの業態転換は、「川上シフト」のわかりやすい例です。

同社は、食品メーカーに業態転換した後も、とにかく先手を打った経営をしていきました。業界に先駆けて、工場に世界的な品質管理基準を導入する、まだトレーサビリティの重要性が強く認識されていない頃から先を読んで、その仕組みを導入するなど、会社の強みをどんどん積み上げていきました。

そして現在は、当社とともに、新規顧客開拓を強化しつつ、さらに「川上」の農業にも進出して新たな展開を行っています。常に業界に先駆けて、先手先手で先を読んだ素晴らしい経営をされています。同社のように卸売業からメーカーへの「川上シフト」となると、大きな設備投資を伴います。また、ビジネスモデルが全く違いますから、利益が出るまでには、それなりに時間がかかります。

ですから、**この「川上シフト」を行う場合は、会社の資金にある程度の余力があることが前提になります。儲かっているうちに手を打つ必要があります。**

「川上シフト」は、これまで経験のない業態を経営していくことになりますから、新しい業態のやり方についていけない社員も出てきます。また、場合によっては、役員や社員の反対を受けることもあると思います。

この会社も現社長が、世代交代のタイミングで「川上シフト」を決意したので、古参社員の猛反対を受けて大変な思いをされています。

しかし、この先の経営に危機感を持って、「川上シフト」を断行させることができるのは、社長しかいません。

大多数の社員が反対したとしても、やらなければならないときは、覚悟を持ってやり抜くしかないのです。資金が尽きれば会社は終わりです。

メーカーに転身した同社は、当然ですが、売れる商品を提供しなければ、存続できません。そこで、社長自らがいくつものアイデア商品を生み出し、売上につなげていきました。**そのうちのいくつかは、業界が驚くようなカテゴリーキラーとなり、会社の売上をぐんぐん伸ばしていきました。**

なんとなく手探りで「川上シフト」をするということは、大切な時間とお金をどんどん失っていく可能性があります。「川上シフト」をすると決めたら、スピード感を持って移行する必要があります。

そのためには、何といっても、既に川上で成功している企業のノウハウが必要です。もちろんご自身で勉強することも必要ですが、経験がある人に指導をしてもらうことが一番確実で早いと思います。

例えば、工場を立ち上げて成功させたいのであれば、ご自身で工場を立ち上げたことがある社長と相談されながら進めていくことは有効でしょう。

また、そのような経験を持っている人財を雇用するのも1つですし、考え方や費用感があえば、実績がある専門家に依頼するのも有効です。

「川上シフト」は、問屋からメーカーへの転身だけではありません。

例えば、デザイン会社が広告代理店から仕事をもらっていたとします。その広告代理店の先の企業から直接受注を取れるようになろうと考える場合も、ある意味で「川上シフト」と言えます。それは、業界のピラミッド構造の上に立つということです。

この場合は、自社が提供するサービスを、業界の中で埋もれないように、しっかりと戦略を練り、事業そのものをカテゴリーキラーにする必要があります。それができなければ、顧客開拓はうまく進みません。

一般的に、「川上シフト」の判断は非常に難しいと思います。なぜなら、もし現事業で儲かっていれば、それを簡単に捨てるということができないからです。

当社には、業界の未来に期待が持てないにも関わらず、ずるずると事業を続けてしまい、ひどい経営状態になってから来られる会社もあります。

そうなってからでは、十分な借り入れもできず、何も手が打てないこともあります。繰り返しになりますが、「川上シフト」などの大きな転換は、会社に体力がある、元気なうちに挑戦してください。

あなたの業界の未来について改めて考えてみてください。

独占権利で、20億円の最強ビジネス【④スーパー知財】

「スーパー知財」は、自社の商品・サービスに対して、特許権や実用新案権、商標権、意匠権などの独占権利を得て、売上につなげるというビジネスの切り口です。

利益をしっかりと出して、儲かっている中小企業には、これらの独占権利を活用して、自社独自の市場で商売をしている会社は少なくありません。

知財の詳しい話は、専門書をお読みいただくとして、ここでは、当社とご縁があった会社のうち、知財の中でも「特許」をうまく活用している会社をいくつか紹介します。

まず、特許を取得するためには、新規性が問われます。つまりまだ誰も考えていないような、斬新なアイデアが必要です。

さらに、特許がビジネスとして成り立つためには、お客様に喜ばれるものである必要があります。当たり前のことですが、特許をとっても、売れないというケースが世の中にあふれています。

特許をどうやって生み出していくかについては、会社によって様々です。

ある特殊機器を製造しているメーカーは、**ご縁があった業界をしっかりと研究し、特許に結びつけることで大きな利益を上げています**。創業当初は、遊戯施設のコインカウンターでのお困りごとに目を付けました。

そこで、あるパーツを開発して、遊戯施設の従業員がコインカウンターでの作業をしやすくしたのです。これが大当たりして、ぐんぐん売上を上げていきました。

その後は、洗浄で苦労している業界に目をつけて、しつこい汚れがあっという間に洗浄できる洗剤を開発しました。これも大きな売上になりました。

勢いに乗った同社は、さらに特定の産業で、素材同士を混合することができずに困っていることを発見しました。

研究開発を積み重ねて、ついにこの課題を解決できる特殊な装置の開発に成功しました。特許も押さえて売り出したところ、会社を大きく成長させるカテゴリーキラーとなりました。

そこからは、独占状態で、さらにぐんぐんと売上を上げて、産業全体に広まっていきました。今では、年商20億円の規模になっています。革新的な経営をしている同社の社長は、いつお会いしてもワクワク感にあふれています。


以前、当社の指導を受けた金型メーカーは、自社開発で、特許商品をつくり、テレビや業界各紙で取り上げられ、大変注目されています。この金型メーカーは、特許商品をつくって、外科医の医療機器分野に進出しました。

外科のドクターは、長時間の手術となると、座れず立ちっぱなしの状態になります。外科医にとっては当たり前のことですが、業界にとっての常識にこそチャンスがあります。この金型メーカーが開発したのは「歩ける椅子」です。

この器具は、立った状態で腰から両足にかけて装着します。足にギブスをはめるような感じです。この器具を装着すると、ドクターは、立った状態で、すっと腰を下ろして座ることができます。

座るといっても、外見は立ったままです。そしてそのまま歩くこともできるのです。この画期的なアイデア商品は、売り出した途端に、ドクターから、モニター（お試し）の予約が殺到し、数か月待ちとなりました。

このように同社は、これまでに全くなかったカテゴリーキラーを生み出し、あっという間に業界で一目置かれる存在になりました。

モノだけでなく、うまくコトを組み合わせることでも特許を活かせます。以前、相談に来られた、モニター製造をしている会社もその1つです。同社は、業務用で使うモニターに、現場で作業する人にお役に立てるコンテンツをセットで提供しています。その仕組みに特許を活かしています。

しかし実際は、思うように販売に結びつけられていませんでした。商品アイデアや、知財を活かすというところまではよかったのですが、あと一歩のところで、市場戦略に欠け、カテゴリーキラーになりきれていませんでした。

特許を取ったけど売れないという商品のほとんどが、市場戦略が描けていません。せっかくの技術やアイデアが埋没していくことは残念です。

同社は、私どもの指導を受けながら、市場戦略をものすごいスピードで実行に移していきました。指導を受けながら、展示会に出展して仮説を検証する、新聞広告を出して反応を見る、素早くホームページをリニューアルする、会社のロゴマークも変えるなど、どんどん実行に移していったのです。

その結果、コンサルティングを受けてから半年間で、ぐんぐん売上を上げていき、その年の決算は前年度比2・5倍の売上を達成しました。

がっちり！　組めれば40億円【⑤連携タッグ】

前述の特許は、そもそも新規性のあるアイデアや技術がないと、権利を取得することはできません。そして、それが難しいという社長も多いと思います。

そこで、**特許のような高度な技術が自社になくても、独占に近い状況を手にすることを可能にするのが、「連携タッグ」です。**

「**連携タッグ**」とは、**簡単に言えば、技術力が高い会社や、すでに特許を取得している会社と手を組むことです。**

大手企業では普通のことですが、中小企業で積極的に取り組んでいる会社は、まだまだ少なく、競合と差をつける戦略として検討してみる価値は高いです。

相手の技術力が高ければ、あえて特許権などがないほうがよいという考え方もあります。理由の1つは、特許は期限付きということです。うまく売れてそれなりの市場になっていけば、特許の期限が切れたときに競合企業がワッと参入してきます。

また、特許は技術公開が前提ということも意識しておく必要があります。特許を出せば、その技術は、競合に丸見えの状態になります。

海外の企業も日本の特許庁のデータベースにアクセスすることが可能です。お隣の国が、どんどん参考にしてビジネスを展開しているという話もよく聞きます。

以前、当社に相談に来られたある食品卸会社は、「連携タッグ」で、これまでにない「加工食品」を生み出して、大きな市場を生み出しました。

その会社は、現社長に交代した頃に、ある地方の生産者とご縁があり、その生産者が、素晴らしい想いで、「加工食品」の品質向上に努めていることを知りました。相当な努力を積み重ねて、**圧倒的な品質を実現する加工技術**を習得していたのです。

食品卸会社の社長は、その生産者の仕事への情熱と実績にほれ込みました。そして、一緒に全国にその商品を広めていこうと決めたのです。

その後、その圧倒的な品質を実現した「加工食品」は、思惑通りに、全国で販売されることになり、同社のカテゴリーキラーとなりました。

さらに、そこから何十年と時を超えて、今では多くのファン顧客に支えられる、ロングセラーになっています。

その食品卸会社は、年商40億円の規模まで成長しました。

この状況を、競合他社が放っておくはずがありません。1社、2社、3社と競合企業が続々と進出してきました。

しかし、特許として技術情報を公開していなかったため、この「加工食品」のつくり方は、どの競合企業も知ることはできませんでした。競合企業は、手探りで、類似商品を開発していったのです。

販売から何十年も経ちますが、先行した食品卸会社が提供するカテゴリーキラーを超える会社は存在していません。

同業界ではトップブランドになっています。競合他社の商品と食べ比べてみると、その違いがはっきりわかります。

このように、圧倒的な技術があれば、特許を取らずとも、お客様に支持され続けて、市場を拡大していくことができます。

世の中には、圧倒的な技術を武器に商売をしている会社はたくさんあります。

しかし、その会社の売上がその技術力に対して、果たして妥当かと言えば、意外に

小さくて、まだまだ発展の余地があるのではないかと思うことも多いです。

ここには、大きな理由があります。それは、本気のものづくりや、技術を高めることに専念している会社ほど、販売に意識が向きにくくなってしまうということです。実際に、技術力は高いが販売が苦手という会社は多くあります。

ですから、**もし、あなたの会社が販売を得意とするなら、このような技術志向の会社とうまく「連携タッグ」を組んでカテゴリーキラーを生み出せば、大きな市場を築くことができます。**その際に気を付けなければならないことは、つくる人の気持ち、「想い」を大切にすることです。お互いに「想い」の共感が得られなければ、いくらお金を積んでも、協力は得られないでしょう。

さて、その後、食品卸会社と生産者は、資本提携も行って「連携タッグ」を強化しました。さらに近年、海外にも現地法人を設立し、工場を立てて、販売活動を行っていく決断をしました。

海外で工場の設立など、大型の投資を伴う勝負に打って出たものの、なかなか思うようにいかず、相当な苦労をしたと聞いています。

しかし、社長のやり切る「想い」は本物でした。いくつもの苦難を乗り越えて、工場を稼働させ、販売にこぎつけ、見事に成功させたのです。
現地では、多くの人に喜ばれる大人気のカテゴリーキラー商品になっています。現地の売上だけで、年商10億円に迫る実績を上げています。

もはや敵なし！　愛される１００億円市場【⑥単品突破】

次に紹介するビジネスの切り口は、「単品突破」です。これは、非常にシンプルで効果的なビジネスの切り口です。年商10億円はもとより、長期的な視点を持てば、独自の１００億円市場をつくることも夢ではありません。

明太子といえば、福岡の「ふくや」を想起される方が多いと思います。以前、その「ふくや」の経営者の講演を聞いたことがあります。その際お土産に、新商品とパンフレットをいただきました。

お土産の新商品は、明太子の中身を皮から取り出してつくった缶詰めでした。驚いたのは、中身を取り出したあとの皮は捨てるのではなく、佃煮にして売り出しているということでした。缶詰めも佃煮も両方とても人気があるそうです。

そして、パンフレットを見ると、単に商品を掲載しているのではなく、明太子を使った様々なレシピが紹介されていました。さらに、パンフレットに紹介されている商品を数えると、サイズ違い、入数違いも含めて、40種類以上の商品が掲載されていました。きっと、長年ご商売をされ、お客様のニーズに応えていく中で、これだけの品数になったのだと思います。

徹底して明太子なのです。

もし、「ふくや」が、明太子で儲かったので、また別のものを開発しようと、いろいろと手を広げていたらどうなったでしょうか。おそらく、めんたいこ＝ふくや、と想起してもらえるブランドにはなっていないと思います。

「ふくや」が凄いところは、創業者が、参入企業に技術提供をして、一緒に市場をつくっていく地道な取組みをした点にあります。それなりの規模の市場ができるまでに、時間はかかりましたが、年商は１００億円を優に超え、同業界ではトップブランドとして知られています。やっぱり本物は強いです。

「単品突破」ビジネスを成功させるポイントは、明太子のように、まずはあっと驚く、多くのお客様に喜ばれるカテゴリーキラーを生み出すことが重要です。

そして、その後は品揃えを充実させて、商品群として売上を拡大していきます。

商品群として、業界で認知されてくると、それは1つのブランドになります。当社では、これをカテゴリーブランドと呼んでいます。

このようにカテゴリーキラーを生み出し、カテゴリーブランドにしていく取組みを最速で行っていけば、数年で10億円規模は、十分に狙えます。

実際に、年商１００億円までいかなくても、「単品突破」で、しっかりと利益を出している会社はたくさんあります。

以前ご縁があったサプリメントメーカーは、健康によい特定の食材に目をつけて、商品開発に取り組みました。その際に意識したことは、「美味しさ」です。

理由は、サプリメントはある程度の期間、継続して利用することで、効果を発揮します。その継続させるポイントが「美味しさ」だと考えたからです。実は、同社の社長が美味しさを追求する専門技術を持っていたため、この「美味しさ」は非常に高いレベルで実現できました。

多くの人が、「美味しい！」と、実感できるレベルです。実際に私も長年愛用していますが、非常に美味しく、体調もよくなります。まさに、圧倒的な美味しさを実現した、健康食品のカテゴリーキラーです。このカテゴリーキラーは、美味しさを武器に、どんどん取り扱い小売店を開拓していきました。

そして、同社は、販売を小売店に任せきりにしませんでした。

スタッフが店頭に出向いて、来店するお客様一人ひとりに声がけをして、お試しいただき、ファン顧客を増やしていくという地道な努力を積み重ねていきました。

さらに、販売実績が上がってくると、小売店に対して勉強会を積極的に実施しました。とても強い「想い」で市場を開拓していきました。

その結果、小売店の販売スタッフにもファンがどんどん増えていきました。売上は、ぐんぐん伸びていき、あっという間に年商5億円を超えるカテゴリーキラーに成長しました。

その後、丁寧なファンづくりと並行して、健康に対する意識が高いアスリートにお試ししてもらうプロモーションを展開しました。著名なアスリートに愛用してもらえるようになれば、口コミで商品が広がっていきます。

実際に、様々なジャンルのアスリートに愛用してもらえるようになりました。その後は、品揃えも充実させて、スポーツの世界で、カテゴリーブランドとして認知されるようになりました。年商は10億円を超えて、最盛期は15億円規模まで成長しました。

この美味しさを武器にしたカテゴリーブランドは、商品の入れ替わりが激しいサプリメントの業界でロングセラーになっています。

本気で1000億円を超えていく！【⑦大型トレンド】

ここまで、いくつかのビジネス展開の切り口を紹介しました。いずれの切り口も商売がうまくいきだすと、必ず競合企業が参入してきます。当社に相談に来られる会社も、競合企業の参入により厳しい状況に陥り、次の一手、「戦略」づくりを一緒に考えてほしいという相談はよくあります。

そのような状況に陥らないためには、商売がうまくいきだしたときにこそ、過信しないことが大切です。と言うのは、少し売上が上がってくると、どんな社長でもイケイケの気持ちになります。どんどん広告を打ったり、スタッフを増やしたりと、攻めの経営を展開しようとします。

イメージとしては、木の幹ではなく、枝葉を広げていくような感じです。それはそれで必要なことですが、一方でいま売れている商品・サービスをさらに改良したり、売れている商品・サービスを超えるものを生み出す地道な努力が必要です。

いつの時代も競合企業は、儲かっている会社や市場を放っておきません。

しかし、**競合企業が参入したくても、なかなか参入できない状況を生み出すことができます。それが、「大型トレンド」という切り口です。**

「大型トレンド」は、簡単に言えば、この先10年、20年という軸で、大きなトレンドを読んで、そこにマッチする圧倒的な商品・サービス、つまりカテゴリーキラーを生み出すことです。

最速で年商10億円というテーマからは、少し外れますが、中小企業がビッグチャンスを掴む視点として紹介します。

この「大型トレンド」を成功させるためには、商品やサービスの開発が難しければ難しいほど、それが完成した際に有利な展開ができます。

要するに、**時間とお金をかけて、いくつもの難しい壁を乗り越えて開発した商品・サービスは、他社が容易に真似できない、大きな参入障壁ができるということです。うまくいけば年商1000億円超も夢ではありません。**

今では、売上数千億円を誇る大手飲料メーカーの伊藤園は、急須でお茶を飲んでいた時代から「缶入の緑茶」の商品開発に挑戦しました。

そのときは、誰も「缶入の緑茶」なんて売れると思っていない時代です。しかし、創業者は、この先のトレンドのキーワードは、「簡便性」だと信じて、9年もかけて商品開発に投資し続けました。

生まれたカテゴリーキラー商品が、「お～いお茶」です。「お～いお茶」は、ご存知のとおり、今では日本を代表する緑茶のカテゴリーブランドになっています。

実は、私が創業した当時、伊藤園の創業者とお会いする機会があり、創業当時のお話を直接聞くことができました。

「缶入の緑茶」の開発は非常に難しく、さらに、それが売れ出すまでは、経営的に非常に厳しい状況が続いたそうです。

この「大型トレンド」を成功させるためには、この先のトレンドキーワードを読むことが最も重要です。前述のとおり、伊藤園の場合は、「簡便性」というキーワードをもとに、商品開発を行いました。世の中は、どんどん便利さが求められていく、そのニーズに合わせた商品を提供したのです。

難しいかもしれませんが、まずはこの大きなトレンドキーワードをなんとしても見つけます。そして、そのキーワードを自分たちの業界に当てはめたときに何が提供できるかを考えます。

伊藤園の例は一般消費者向けの商品ですが、どんな業種業界でも、自社が属する市場から、トレンドキーワードを見つけられると思います。

そして、トレンドキーワードをもとに、どんなによい商品ができたとしても、それがカテゴリーキラーと呼べる存在になるためには、お客様に手に取って買ってもらわなければなりません。

伊藤園のケースでも、最初に缶入りのお茶が開発できた後、販売にとても苦労したとおっしゃっていました。

トレンドに合わせてつくった商品・サービスであっても、売り出したタイミングで、その商品・サービス自体のニーズが顕在化していない場合は、本当に販売で苦労します。多くの会社がここで諦めてしまいます。「やっぱりニーズはなかったのか…」「少し早かった…」「時代を先読みしすぎた…」と。

しかし、中小企業を売上数千億円の大企業まで成長させたような創業オーナーは、自分を信じ続け、この最後の壁、ラストワンマイル、をなんとかして乗り越えた人ばかりです。信念を持って、潜在ニーズを掘り起こし続け、自社独自の市場をつくり上げているのです。

当社には、あと一歩のところで、諦めきれない社長が、カテゴリーキラーづくりの相談に多く来られます。「大型トレンド」は、このラストワンマイル、「潜在ニーズ」をいかに掘り起こせるかが、勝敗の分かれ道となります。

ここまで、年商10億円最速達成のポイント（1）では、ビジネスの7つの「切り口」について成功事例を踏まえて解説しました。いずれの成功事例にも共通していることは、その会社の成功を支えた、カテゴリーキラーの存在があるということです。

前述のとおり、カテゴリーキラーとは、「競合他社を圧倒する強い商品・サービス・事業」のことです。

次からお伝えする、年商10億円最速達成のポイント（2）では、このカテゴリーキラーをどうやって生み出していくかについて説明します。

売れなかった商品をカテゴリーキラーに変えていき、さらに年商5億円企業を、3年で10億円企業に変えた取組みを紹介します。この事例は、本章のビジネスの切り口で紹介した「新セグメント」の具体事例となります。

ここでお伝えするポイントは、業種が違っても本質は変わりません。ぜひ、あなたの会社の商品・サービスに置き換えて読み進めてください。

年商10億円最速達成のポイント（2）

異様なまでの突出感づくり！

あなたの商品・サービスは「トンガリ」があるか？

これまで13年間で、３００社を超える企業の指導を行ってきましたが、「年々売上が下がってきている」「価格競争に陥っている」「思うように利益が出ない」という経営者が抱える問題の根源は、多くの場合、その会社にカテゴリーキラーがない、もしくはカテゴリーキラーが弱くなっていることが大きく起因しています。

「いやいや、うちの商品・サービスは、他社に引けをとらない。問題は販売力が足りないことだ」という社長も多いと思います。しかし、仮にそうだとしても、商品・サービスが、他社に引けをとらないという状況は、いつまでも続くとは限りません。

ある日、他社が、圧倒的な商品・サービスを打ち出してきたときにはどうでしょうか？　販売力では巻き返せなくなります。

実際に、そのような事態に直面してしまった会社から相談を受けることが多くあります。もちろん、販売力の強化は絶対に必要です。しかし、カテゴリーキラーを持つことのほうが何倍も重要です。**いま、カテゴリーキラーがある会社は、さらに次のカテゴリーキラーをつくるべきです。そうすれば、もっと会社が強くなります。**

では、どうやってカテゴリーキラーを生み出すかということになりますが、**当社がカテゴリーキラーを生み出す際に意識していることがあります。それは、業界の中で、異様なまでに突出感を出していくということです。**

突出感というのは、少し硬い表現ですが、もう少しやさしいイメージで言えば、業界の中で埋もれない「トンガリ」をつくっていくことを意識しています。

ご相談に来られる社長がいれば、その会社の商品・サービス、もっと言えば事業そのものに「トンガリ」があるか「埋もれていないか」を見ます。

思うように売上が上がらないという場合は、だいたいこの「トンガリ」がありません。もしくは、昔は「トンガリ」があったが、長年経営していく過程で、業界の中で「埋もれている」状況に陥っています。

一般消費者向けに商品を提供している会社は、とてもわかりやすいと思います。

例えば、店頭で同じような商品が並んでいて、自社の商品が「埋もれている」状態であれば、手に取ってもらうことは難しいでしょう。

最近は、中小企業でもデザインに力を入れる会社がぐっと増えました。しかし、なんとなくおしゃれにつくってみるものの、他社もデザインに力を入れていますから、結果として「埋もれている」商品であふれています。

あらゆる受託系の事業も同じです。

「うちの会社は他社にできない素晴らしい技術を持っている」とか、「長年の歴史の中で鍛え抜かれた自慢のサービスを提供している」という会社はたくさんあります。

しかし、「トンガリ」があるかと言えば、同業他社と同じように見られていることがよくあります。つまり「埋もれている」のです。

受託系の会社でよくあることが、既存のお客様のニーズに応え続けて、いろいろと手を広げてしまうパターンです。**お客様のニーズに応えることはよいことですが、自社の「戦略」を持たずに、あれもこれもできますと言って、目先の売上に追われるばかりでは、時間をかけて高めていくものがなくなってしまいます。**

この場合のメリットは、既存のお客様からの売上が増大することです。反対にデメリットは、業界での立ち位置が定まらなくなることです。つまり「トンガリ」がない事業、会社になります。

業界での立ち位置が定まらないと、新規の顧客開拓で苦戦するケースも多いですし、リクルート面でも不利です。普通の人であれば、よくわからない会社に勤めようとは思いません。そういう会社は、選択肢に入らないでしょう。**さらにその状態のまま大口顧客を失えば、経営はあっという間に危機に陥ります。**

受託事業で戦略的に「トンガリ」を持っている会社は少数です。ですので、気づいたら、あれ、うちは何屋だっけ？　ということになってしまいがちです。そういう会社がよく相談に来られます。

この「トンガリ」については、店舗サービスを提供している会社も気を付ける必要があります。飲食店で考えるとわかりやすいかもしれません。

以前、引っ越しをしたばかりの町で、ふらっと近くの飲食店に入りました。たくさんのメニューがあって、何を頼んだらよいか迷ったので、店主に何が人気か尋ねました。すると、店主は、待っていました、とばかりに笑顔でこう答えました。

「うちのメニューは、全部人気だよ」

と。こうなると、益々何を食べたらよいかわからないので、とりあえず無難にカレーを注文しました。しかし、そのカレーは、これといった特徴が感じられませんでした。その後、その店にリピートすることはありませんでした。

これでは、口コミもリピートも起こらず、商売は広がりません。

本当は、社長も「お客様」のことをよく知らない

「トンガリ」とは、人が見聞きして感じる印象です。ですから、見せ方の問題であることは十分に考えられます。しかし、その前に、「戦略」が欠如しているケースがほとんどです。

以前、当社に相談に来られた食品メーカーS社は、社運をかけてつくった商品が

思うように売れずに悩んでいました。その会社のS社長のお話を2時間ほど聞きましたが、印象としてはやはり商品に「トンガリ」がありませんでした。

S社長は、競合する商品は市場にないと言っていましたが、インターネットで調べると、たくさん類似品が出てきました。「トンガリ」がない商品は、類似品が多いです。

あなたも、そのような経験はないでしょうか。

例えば、「この化粧品は、お肌がツルツルになってすごい商品です」「このサプリメントは、元気ハツラツになってすごい商品です」「このお水はとても体によくてすごい商品です」と言われたところで、よく聞く話だなぁという印象です。

商品でなくても、例えば会社へ売り込みに来たセールスマンが、このサービスは他にはないサービスですと延々と話をしてみても、聞いている側からしてみれば、「こういう会社はよくあるよなぁ」という印象を持ちます。

最近は、電話だけでなく、メールでもたくさん売り込みが来ますが、ほとんどが同じような印象です。

もちろん、中には「トンガリ」があって、話に引き込まれてしまうような商品・サービスもあると思います。しかし、一般的に「トンガリ」がある商品・サービスは少なく、多くが類似商品・サービスに埋もれています。

では、どうやって「トンガリ」を出していくかといえば、**まずは、提供している商品・サービスのカテゴリーを一歩引いて見ることが大切です。そして、お客様の視点で自社商品をよく検証することです。**

うちの商品・サービスが売れないのは、もしかして、「埋もれている」のではないか？　「トンガリ」がないのではないか？　そうやって謙虚に見ることができれば、大きな前進です。

なぜかと言えば、**多くの会社は、自社の商品・サービスにほれ込んでいるからです。そうなると、謙虚にまわりを見ようとしない、自社の欠点を認めたくない、そういう心理が働いてしまいます。**

一般向けの商品・サービスだけでなく、法人向けの受託事業なども同じです。思うように売上が上がらないのであれば、まずは、一歩引いて、業界全体の視点から、自社を見る姿勢が大切です。そうやって、お客様の視点で冷静に見ていくことで、「埋もれている」ということがわかってくると思います。

さて、相談に来られた食品メーカーS社ですが、その後、当社の指導を受けることになりました。S社長からは、どうしても諦められない、絶対にもっと売れてよい商品だ、という強い自信が感じられました。

このように**経営者が自信を持つ商品、「想い」が込められた商品は、かなり高い確率で成功します。理由は、自信を裏づける根拠があるケースが多いからです。**

S社の商品もしっかりと自信を裏づける根拠がありました。売上は低いものの、リピートされており、ファン顧客が付いていたのです。

売上が少なくても、しっかりと売れている事実があれば、まだまだチャンスがあります。特に中小企業は、自社が潤うだけの市場があればよいわけです。

この食品メーカーが提供している商品を改めて検証していきました。その際には、メーカーとして自慢できる特徴は何か、そして、実際にどんなところがお客様に喜ばれているかの両面から確認しました。

この両面を検証していく視点は大切です。**メーカーが自慢できる特徴は、実はそれほど喜ばれていない、むしろ別の特徴が喜ばれていたということはよくあります。**

つくることに情熱を注いでいるメーカーがあまりお客様の意見を聞いていなかったり、深いニーズを把握していなかったりすることがよくあります。なぜかは、わかりませんが、おそらく「つくることが好きな人が、つくりたいモノをつくっている」ということだと思います。

この食品メーカーのS社も同様に、お客様の立場に立って、ニーズをよく把握できていませんでした。同社が持つ商品は、栄養成分が身体を温める効果があるということが売りでした。

そして、S社長は、この商品をお年寄りから子どもまで、幅広いお客様に買ってもらいたいという「想い」がありました。

しかし、実際に購入している人、喜ばれている人を分析していくと、若い女性が多いことが見えてきました。メーカーもあまり認識していなかったこの事実をもとに、「戦略」を組み立てていくことになりました。

売れる「仮説」をどうやってつくるか？

この食品メーカーS社の商品は、食べると身体がぽかぽかと温かくなることが売りです。そこで、社長はこの商品を日ごろから食べてもらえば、「誰でも病気になりにくい、強い身体をつくることができる」と考えていました。ですから社長は、お年寄りから子どもまで、幅広いお客様に買ってほしいという願いがあったのです。しかし、前述のとおり、実際には若い女性が買っていたことがわかりました。

ここで考えてもらいたい点は、若い女性が、「病気になりにくい強い身体をつくりたい」と思って生活しているかということです。

もちろん、そのほうがよいに決まっています。しかし、商品を買うほどの理由としては、強さがないと感じます。

普通に考えてみれば、「病気になりにくい強い身体をつくりたい」と願うのは、どちらかといえば、若い女性ではなくお年寄りのほうでしょう。健康寿命を延ばしたいという願いは、顕在化した強いニーズです。

このあたりのズレが、「トンガリ」が出ない原因でもあります。結果として、ぼんやりとしたイメージの商品になり埋もれてしまいます。

売るために「戦略」を立てるということは、言い換えると、こうすれば売れるという「仮説」を立てることです。

この食品メーカーS社の場合は、今売れている事実をもとに、若い女性をメインターゲットとして、いくつかの仮説を立てていきました。

このとき設定した若い女性とは、20代、30代の女性です。まずは、その年代の女性が日ごろから悩んでいることや欲していることについて、徹底的に考えていきます。調査会社を使ったり、調査データを集めたりするのも大切ですが、考えられる範囲でまずは、社内で議論することが大切です。

様々な意見が出てきました。若い女性は、「美容に対する意識が高い」「ダイエットに関心が強い」「おしゃれなモノが好き」「美味しいものを食べたい」「おしゃべりが好き」「癒されたい」「自分の時間がほしい」「仲間とつながっていたい」…

そして、会議の流れで、ある若い女性スタッフが言いました。

「私は、毎年冬になると冷えに悩みます。足が冷えて、痛くて眠れないほどつらいこともあります。もし、この商品が冷えに効くなら、売れるんじゃないでしょうか」

S社長は、驚いた顔をしていました。その女性スタッフは、週に何度かアルバイトに来ている方でした。もの静かな方で、普段あまりS社長とも話をする機会がなかったのです。今回は、女性をターゲットにした会議でしたので、参加してもらったところ、このような貴重な意見を発言してくれたのです。


その後、商品の愛用者や、友人知人など、若い女性のお悩み事や、商品に対する意見を色々と聞いていきました。

そこで見えてきたことですが、この商品の愛用者の中に、冬の寒い時期に冷え対策として購入している人が何人かいました。この商品は女性の冷え対策に有効であることがだんだんわかってきました。

そして、実際に身体がどれだけ温まるか、専用の測定機械を使って実験を行いました。そうすると、その食品を摂取すると、直後から身体の温度が明らかに上昇していくことがわかりました。データに、はっきりと示されていました。

実際に、冷えに悩んでいる方ほど、体がポカポカと温まるというのです。つまり、即効性が感じられる商品です。このとき、「あっ、この商品は売れる！」と強く感じました。


最初にS社長がイメージしていた、「病気になりにくい、強い身体をつくることができる商品」と、「若い女性が持つ、冷えのお悩みにこたえる商品」では、戦略が大きく変わります。理由は、そこに競合商品が関わってくるからであり、この点を慎重に検証する必要があります。

「うちの競合商品は、あの会社の商品だ」と思っていることが実際にはズレているということがよくあります。長年そうやって競合を決めつけて商売をしていれば、近視眼的になってしまい、本来競うべき相手を間違えてしまいます。

その原因は、やはり、お客様目線で商品を見ていないということです。**競合は、あなたの会社が決めるのではなくて、まず、何よりも商品を選ぶお客様が決めるということです**。要は、お客様からすれば、お悩みを解決してくれるモノであれば、何でもよいわけです。

もちろん、安くてよいモノが選ばれますが、**あなたが思っている競合企業とはまったく違うジャンルの商品やサービスが競合になっているということは珍しくありません。**その点を踏まえて、「仮説」を立てていく必要があります。

相手に伝わらなければ、ないのと同じ

このように、食品メーカーの商品は、若い女性の冷えのお悩みにこたえられる商品としてコンセプトを練り直していきました。

最終的には、冷えだけでなく、美容やダイエットにも効果がある素材を使っていたので、その点も売りとしました。こうやって、若い女性のお悩みに寄り添って、競合商品に埋もれない「トンガリ」をつくっていきます。

商品のコンセプトに納得がいく「トンガリ」ができたら、次にやらなければならないことがあります。それは、「トンガリ」をしっかりと魅力的に伝えることです。ネーミングやキャッチコピー、デザインなど表現の工夫です。

この表現でつまずけば、せっかくつくったコンセプトも水の泡です。実は、世の中には「トンガリ」があるコンセプトまでつくれた商品やサービスなのに、うまく伝えることができず、売れないということがたくさんあります。あと一歩！　というところで消えていった商品はたくさんあると思います。

逆に、表現を変えて売れた！　という有名な商品もたくさんあります。前述の伊藤園の緑茶も、発売当初は、「缶入煎茶」として売り出しましたが、思うように売れずに困っていたそうです。

そして、「お～いお茶」という、当時としてはとてもインパクトのあるネーミングに変えたところ、大ヒットしました。同社のカテゴリーキラーとなったのです。とても有名な話です。私が小学生の頃でしたが、「お～いお茶」のテレビＣＭは、今でも印象に残っています。

「トンガリ」も相手に伝わらなければ、ないのと同じです。どの業界でも、相手に伝わらずに失敗している例がたくさんあります。

・プレゼンテーション資料の内容が、バイヤーに伝わらない
・店頭に並んでいる商品が、お客様に興味を持たれない
・ホームページに訪問するも、よくわからない会社になっている
・パンフレットの表紙から興味が持てず、その先を見る気にならない
・お店が風景化していて、存在に気づかない
・お客様が、店頭でメニュー看板を見て去っていく
・展示会に出展するも誰も足を止めてくれない
・広告宣伝にお金をかけているが、問い合わせが来ない

もし、あなたの会社でこのようなことが起こっているとすれば、新規の顧客を増やしていくことは難しいでしょう。表現がボトルネックになっています。

繰り返しになりますが、商品・サービスであれ、会社であれ、お店であれ、その魅力が相手に伝わらなければ、存在しないことと同じなのです。

当社に相談に来る会社の多くが、こういう状況を招いています。せっかくの「**トンガリ」も、伝えることができなければ、カテゴリーキラーを生み出すことはできません。**

この食品メーカーS社の商品も、表現にはかなり力を入れてリニューアルをしました。リニューアル前は、お年寄りから子どもまでをターゲットにしていましたので、誰にとって魅力的な表現をすればよいのかが見えませんでした。

さらに、売りにしようとしていた「病気になりにくい、強い身体をつくることができる」ということさえもうまく表現できていませんでした。使われている素材の写真をどんどん印刷したパッケージになっていたのです。

しかし、今度は、コンセプトに「トンガリ」をつくりましたから、狙いは明らかです。若い女性をメインのお客様として、冷えに効果があることを中心に据えて、さらにダイエットや美容にも効果があることを伝えていけばよいのです。商品ネーミングをはじめとして、キャッチコピー、イラスト、パッケージデザイン、箱の材質に至るまで、すべてを若い女性に共感を得られるように、徹底的につくり変えていきました。

ネーミングやキャッチコピー、デザインなどの作業は、慣れない人にとっては、非常に難しいと思います。しかし、発売後に、売れずに苦しむよりも、ここで頑張ればあとが楽になります。

うまくいけば、バイヤーに採用されるだけでなく、テレビや新聞、雑誌などのメディアに取り上げられて、売れまくります。

売れまくると、在庫切れでお客様に怒られる、そういう嬉しい悲鳴をこれまでに何度も聞いてきました。

ですから、もし、あなたがこれまでに思うように売れずに困っているのなら、この表現の開発にはしっかりと時間とお金をかけてください。

営業マンが少ない中小企業は、お客様に欲しいと言ってもらう仕掛けづくりに力を入れるべきなのです。長期で雇用する営業マンなどの人件費に比べれば安いものです。

年商5億円企業を、3年で10億円に変える！

さて、表現を刷新して、新しくカテゴリーキラーとして生まれ変わった食品メーカーS社の商品は、次々と大手小売チェーン店に採用されていきました。プレゼンテーションをすればするほど、どんどん成約していく、そんな状況が続きました。

これまで、そういう経験がなかったS社の営業マンは、

「**営業がこんなに楽しいと思ったことは初めてです**」

と、言っていました。

そこから、売上はぐんぐん上がり、この商品の売上は、前年比の30倍増までになりました。途中、在庫切れが続出して、バイヤーからのお叱りを受けましたが、その年は、その商品のおかげで年商が30％アップしました。S社長は大喜びです。

S社は、もともと年商5億円の会社です。売上規模としては、決して大きな会社ではありませんが、それでも年商が30％アップするということは、当事者にとって

は、大きな喜びです。しかも、受託の商品が売上の柱でしたが、今回は、自社オリジナル商品が売れたわけです。受託の商品と比較すると、自社商品の利益率は高いため、会社に大きな利益が残ります。

このように、食品メーカーS社は、売れなかった商品をカテゴリーキラーに変えることができました。

まず、お年寄りから子どもまで幅広くと、総花的になっていたターゲットを見直しました。そして、自社の商品が活きる、真のターゲットを再設定しました。

さらに、その真のターゲットに喜ばれることは何か、それを徹底的に考えて、「トンガリ」をつくっていきました。実は、お気づきの方もいらっしゃるかと思いますが、**この成功プロセスは、前章の「新セグメント」の考え方が盛り込まれています。**

S社は、実体験を通じて「新セグメント」での成功体験をすることができたのです。この体験は非常に大きいものです。

というのは、これまでも何度も自社オリジナル商品に挑戦してはいたものの、あまりうまくいっていなかったからです。受託の仕事だけでは、この先必ず限界がくる、だから、なんとしても自社オリジナル商品が思うように売れる会社になりたい、そういう強い願いがあったのです。

頭で学ぶだけではなく肌感覚で体験する、経営者が自らカテゴリーキラーを生み出して売上を上げる、それができるようになってもらうことが私どものコンサルティングの最終ゴールです。

その後、この食品メーカーS社は、勢いを止めずに躍進していきました。**「新セグメント」の手法をうまく活用して、次々とカテゴリーキラーを生み出していったのです。そして、長らく年商5億円規模だった同社は、3年後には年商10億円を突破する企業になりました。**

本章では、年商10億円最速達成のポイント（2）「異様なまでの突出感づくり！」と題して、カテゴリーキラーを生み出すためには、業界の中で突出した存在になる必要がある、つまり「トンガリ」が必要であるとお伝えしてきました。そして、食品メーカーS社の例をもとに、売れる「トンガリ」をつくるプロセスと、表現の重要性についても触れました。

次章では、S社が最速で自社独自の市場を確立させた取り組みとして、「顧客、メディア、社内の加速巻き込み」について解説します。

年商10億円最速達成のポイント（3）

顧客、メディア、社内の加速巻き込み！

「顧客」を巻き込んで、最速で売上を上げる！

前章で紹介した食品メーカーのS社は、「新セグメント」を次々と発掘して、カテゴリーキラーをつくりました。そしてその品揃えを充実させていくと、1つのカテゴリーとして、まとまった売上が上がるだけでなく、業界で知られる存在になっていきます。前述のとおり、このように育った商品群をカテゴリーブランドと言います。

S社は、40年以上経営していますが、長らく年商5億円の規模でした。それをわずか3年で年商10億円の壁を突破した大きな要因がここにあります。

つまり、カテゴリーキラーをつくる、そして、カテゴリーブランドに発展させる、この繰り返しを最速でやっていったのです。

では、どうやったら【最速】で達成できるのか、本章では、そのポイントを「顧客、メディア、社内」という視点で説明していきます。

まず何よりも重要なことは、顧客、つまりお客様をいかに巻き込んで、カテゴリ

ーキラーを生み出していくかということです。

多くの経営者は、最速で売上を上げていきたいので「早く商品・サービスをつくりたい」さらに、「早く売り出したい」という気持ちになります。とても前向きでよいことですが、ここでぐっと我慢することが必要です。

それは、お客様の立場に立った商品・サービスになっているか、という点について、お客様を巻き込んで、十分に確認するということです。

例えば、「こうすれば売れる商品になる！」と思った商品があれば、相手に伝わるサンプルや、それも難しければイラストなどを用意してみる、そのうえで対象となるターゲットに近いお客様の意見を聞く、実に単純なことですが、このような簡単なことすら手間を惜しんでいる、もしくは、その価値を知らない経営者が多すぎます。

それはやり方を知らない、経験が少ないということかもしれませんが、売れなくて困っている会社の多くがこのプロセスと検証が不十分です。

経験が少ない、やり方がわからないという方が、当社のコンサルティングを受けにきますので、丁寧にサポートをしていますが、ご自身で意識改革をして取り組むだけでも、かなり結果に違いが出てくると思います。

もちろん「売り出してみなければわからない」という意見もあるでしょう。それは、そのとおりですし、売り出した後の営業や販促活動が成功に起因することも否定できません。しかし、開発段階で、お客様の意見を十分に確認した場合と、そうでない場合では、成功確率は大きく変わります。

最速とは、最速で商品を売り出すことではないのです。最速で、売上を上げることです。ここを勘違いして、早く売上が欲しいという気持ちに駆られて、急いで開発し、売り出して失敗している会社が多いのです。


あらためて、本書は、中小企業の経営者向けに書いています。

もしあなたが大企業の商品開発の取組みを知っている方であれば、そんなことは、当たり前だと思われるでしょう。特にマーケティングに力を入れている会社であれば、お客様の立場に立っていない開発は、あり得ない話です。

もちろん、調査をすれば売れるという単純なことではありません。お客様がこ

うすれば売れるという答えを教えてくれる訳でもありません。大切なことは、あなたが主体となって、お客様の意見をもとに、売れる商品・サービスの仮説をひねり出し、真摯に検証するということです。

食品メーカーS社の例で、そのプロセスを解説しましたが、文章にすれば数ページですが、実際には、何度も仮説と検証を繰り返して、「ここだ！」とピントが合うまで、必死に考えています。実際はとても地味な作業です。

「それって、先生が考えてくれるんでしょ？」と、たまに勘違いされて来られる社長がいますが、その重要な検証を他人任せにするような商売は、大きくならないと思います。要するに、**会社として、その商品を売っていく、市場を創り上げていくための仮説検証ができないこと自体に問題があるのです。**

これを他人任せにするということは、言い換えれば、自社で市場を創ることは一生できないままでよいということになります。

自分の会社で考えて「戦略」を組み立てる、カテゴリーキラーで大きな売上をつくる、このことを誰がやるべきかと言えば、中小企業の場合、社長がまずできるようになる必要があります。

もちろん、進めるにあたっては、現場の社員と一緒にやることは問題ないですが、あくまでもリーダーが社長である必要があります。理由は、責任をとれるのは社長しかいないからです。そして、カテゴリーキラーで自社独自の市場を創る、その「戦略」を描いていくど真ん中には、常にお客様がいるのです。

「導線」を強化すれば、驚くほど売れる

商品・サービスを生み出すプロセスで、お客様を巻き込んでいく重要性についてはご理解いただけたと思います。

「徹底的にお客様目線」という言葉はよく聞く言葉です。言葉はなんとなく立派ですが、実際にはこれだけだと足りません。

実際の作業は、開発者目線とお客様目線を刷りあわせていくような感じです。仮説を立てて検証する、それを繰り返します。それが「顧客」を巻き込むというこ

とです。

さて、実際に商品・サービスができた後に販売していくことになりますが、**このときに、販売協力をしてくれる人をしっかりと、巻き込んでいく必要があります。**

店頭に並ぶ商品であれば、問屋、小売店という販売者を介してエンドユーザーに届ける必要があります。また、サービスも代理店などを介して販売していくことは、珍しくありません。

では、どうやって彼ら販売者を巻き込んでいくか、これは、多くの会社が抱えている課題です。営業マンは、日々その課題を背負って努力しています。そこには、営業マンの人的なつながりがものを言う世界があります。

しかし、いくらよい関係が保たれていたとしても、相手の担当者も背に腹はかえられません。競合他社が、圧倒的に強い商品を提案してきたら、営業努力だけでは、どうにもならない場合があります。あなたが提供している商品は、他社の商品に置き換えられてしまいます。

逆を言えば、**カテゴリーキラーを生み出した会社は、人間関係があまり構築できていなくても、その壁を突破して、販売にこぎつけることが可能です。**実際に、そのようなケースをたくさん見てきました。

では、どうやってその壁を突破するかといえば、前述のとおり「顧客」を巻き込んでカテゴリーキラーを生み出すことはもちろんですが、さらに、そのよさを相手にしっかりと伝えるための努力、仕掛けが必要です。

あなたの商品・サービスは、どうやって販売者に伝わり、彼らの理解を得て、エンドユーザーに届くか、この導線を細かく分解して、徹底的にカテゴリーキラーの魅力を伝える工夫をするのです。

実際には、このあと一歩のところで手を抜いてしまい、成功を逃してしまうという、残念なケースがたくさんあります。

ここまでに紹介してきた食品メーカーS社の例では、ネーミングやパッケージデザインなどをリニューアルしたことはお伝えしました。これだけでも、商品の印象はとてもよくなっています。

しかし、これだけでは、バイヤーの理解・納得は得られません。何がどうよいのか、しっかりと伝えることができなければ、大手競合がひしめく小売店の棚は確保できません。そこで、バイヤーの壁を突破すべく、プレゼンテーション資料を徹底的につくりこみました。

プレゼンテーション資料には、お客様の声をもとに開発されたコンセプトであること、さらに同様のコンセプトを持つ競合他社の商品が市場にないこと、その他にもバイヤーをうならせる要素をふんだんに盛り込みました。

プレゼンテーション資料を充実させるということは、当社の指導では普通のことですが、S社にとっては、かなり斬新なことだったようです。

というのは、それまではコンセプトシートを1枚つくる程度で、それが当たり前だったからです。

当社の指導でつくった資料は、10ページを超えるものでした。ページ数が多ければよいというものではありませんが、**表紙からしっかりとハートをつかんで、ぐいぐいと先を読み進めたくなるようなプレゼンテーション資料であれば、10ページ**

程度は、多くの業界で問題ないボリュームだと思います。

さらに、この食品メーカーS社の場合は、小売店の店頭に並べる商品ですから、エンドユーザーに手に取ってもらう工夫も必要です。そこで、ＰＯＰも充実させ、あわせてプレゼンするように指導しました。

その後は、前述のとおり、同社は百戦錬磨で、大手小売チェーン店に次々と採用されました。メーカーにとっての「顧客」である販売者を、しっかり巻き込めたのです。

これは、食品メーカーの例ですが、どのような業界でも同じです。

繰り返しになりますが、要は、どうやってその商品・サービスが、販売者に渡り、さらにその先のユーザーに届くか、その細かいところまでの導線を徹底的に検証して、伝える力を高めていく努力をすればよいのです。

しっかりと導線をつくれば、既存の体制のままでも、驚くほどの営業成果を出すことができます。S社もこれまでと同じ営業体制で成果を出しました。

メディアを使って、お客様を「増幅」させる

カテゴリーキラーを生み出して、自社独自の市場を創っていくためには、品揃えを豊富にしてカテゴリーブランドにしていく必要があることはこれまでも何度かお伝えしたとおりです。

ここで、注意してほしいことは、**絶対条件として、1つ目に売り出していくカテゴリーキラーでインパクトがあるデビューをする必要があるということです。**

この最初のカテゴリーキラーの成功なくしては、いくら品揃えを充実させてもカテゴリーブランドにはなり得ません。

そのために必要なことが、メディアを巻き込んだ「増幅」です。

「増幅」とは、辞書を引くと、「振幅を大きくすること。物事の程度や範囲を大きくすること」とあります。

つまり、**メディアを巻き込んだ「増幅」とは、カテゴリーキラーが持つよさを**

メディアに取り上げてもらい、一気にお客様に広めていくことです。

メディアという言葉に不慣れな方も多いと思いますが、ここでは、テレビや新聞、雑誌、ラジオなどのメディアとしてお伝えしています。

中小企業の多くが、特殊な商品・サービスを扱っていたり、受託の事業を行っていたりします。ですから、メディアとはあまり関係ないと思われる社長も多いでしょう。

しかし、ここでいうメディアは、著名なテレビ番組や新聞などだけを指しているわけではありません。ほとんどの業界に、専門誌や業界新聞などのメディアが存在します。むしろ、そういった専門誌ほど、ターゲットが絞られており、活用メリットがあります。

積極的な経営者は、そういったメディアをうまく活用しています。と言うのは、専門誌や業界新聞は、業界全体を見ながら、その発展を担う役割を持っています。ですから、あなたの会社が、業界をあっと言わせるようなカテゴリーキラーを生み出せば、メディアも放っておかないでしょう。

やることといえば、あなたの会社のカテゴリーキラーを取材してほしいと、メディアの担当者に連絡するだけです。

「新商品・サービス」として、記事にしてもらうことができれば、無料で宣伝できるチャンスになります。新しい顧客開拓、販路開拓の最高の機会になります。

その記事を見て、新しいお客様に採用されて、喜んでもらい、売上が上がってくれれば、また、そのことを記事として取り上げてもらうのです。

今度は、「最近、人気の新商品・サービス」として、市場を拡大していることが記事になります。そうすると、さらに新しいお客様から問い合わせが増えていきます。こうやって、メディアを巻き込みながら、お客様を増幅させていくのです。

このように、メディアとうまくお付き合いをしていく手法を「パブリックリレーションズ」と言います。一般的にはＰＲ（ピーアール）と言います。

もし、あなたの会社が一般消費者向けの商品・サービスを扱っているとすれば、ＰＲは絶対に外せません。中小企業を脱却して、大企業になった会社の商品・サービスで、ＰＲをしていない会社は皆無だと思います。

一般消費者向けの商品・サービスの場合は、PRでうまく増幅できないと、自社独自の市場を創るまでに、どうしても時間がかかってしまいます。最初のカテゴリーキラーはスタートダッシュが肝心です。

PRはうまくいくと、連鎖的に広がって、メディア間でも増幅されていきます。

例えば、特定業界の発行部数が1万部ほどの専門誌や業界新聞が、注目の商品を取り上げたとします。すると、その記事を見た、発行部数100万部を超える一般紙の記者が取り上げる、さらに一般紙を見た著名なテレビ番組が取材に来る、という連鎖が普通にあります。

一般紙は、地方紙や専門誌からネタを拾っているケースが多々あります。ですから、いきなり一般紙や著名なテレビ番組を狙わずとも、専門誌や業界新聞からでもよいのです。大切なことは、メディアをうまく巻き込んでいくことです。

これまでに紹介してきた、食品メーカーS社の例でもメディアの増幅が大きく影響しています。同社の場合は、商品に使用されている素材が、メディア各社に大きく取り上げられたのを機に一気に火がつきました。

メディアを巻き込んで、うまくお客様を「増幅」できるようになれば、カテゴリーキラーを次々と生み出して、どんどん独自市場を創っていくことができます。

実際に、ＰＲの価値をわかっている会社は、ＰＲの専門担当者を雇用しています。彼らは、営業マン何人分にも匹敵する重要な仕事をして、お客様を「増幅」させているのです。

最初に磨き上げるべきは「自社メディア」

テレビや新聞、雑誌、ラジオなどのＰＲとしてのメディア活用については、ご理解いただけたと思います。

メディアは、ＰＲだけではなく、他にも広告活用のメディアとして、インターネットや交通広告、展示会など様々なメディアがあります。より大きな「増幅」をしていくためには、費用対効果が高い広告を検討していくとよいと思います。

しかし、**このようなPRや広告などのメディア活用の前に、しっかりと対策をしたいメディアがあります。それは、自社メディアです。**つまり、自社がカテゴリーキラーを外部に発信していくためのメディアです。

自社メディアとは、ホームページ、パンフレットをはじめとして、お客様向けに送付するダイレクトメールや、メールマガジン、その他、ブログ記事やSNSなども重要な自社メディアです。

このように様々なツールがありますが、複数の自社メディアをうまく活用して、あまり広告にお金をかけずに、新規のお客様を獲得している会社も増えています。自社メディアの活用は、効果があると考えられるものは、どんどん積極的にやったほうがよいと思います。

しかし、私どものところに相談に来られる会社は、そういったことが苦手な会社が多くあります。また、中小企業の場合は、人財も限られていますので、優先順位をつけて実施していくことが大切です。

その際に、一番力を入れなければいけない自社メディアを挙げるとしたら、それは、ホームページとパンフレットです。

ホームページもパンフレットもあるという会社は多いと思いますが、では、そこから新規のお客様を獲得できているか、と言われると、できていない会社がたくさん存在します。

そもそも、ホームページとパンフレットで、新規のお客様の獲得ができると考えていない会社が多いと言ったほうがよいかもしれません。

前項で解説した、ＰＲを成功させるためにも、実はこのホームページとパンフレットが、とても重要な役割をします。

例えば、新聞社に、あなたの会社のカテゴリーキラーを取材してほしいと連絡した際に、「では、資料を送ってください」と言われたとします。

商品サンプルだけを送ってみても魅力的には見えません。この商品を魅力的に伝えるパンフレットが必要です。また、担当者が興味を持てば、必ずホームページを確認します。

ここで、ホームページが魅力的でなかったり、存在しなかったりすれば、取材される確率はがくんと下がります。仮に記事になったとしても、その記事を見て興味を持ったお客様も同じくホームページを見にいきますから、そのお客様を獲得することは難しいでしょう。

このことは、新規で営業に行っても同じです。

商品だけを持っていき、案内しても、営業マンがうまくプレゼンテーションできなければ、採用されません。

しかし、そこで魅力的なパンフレットがあれば、強力な武器になります。魅力的なパンフレットは、営業マンをサポートしてくれるだけでなく、その先の決裁者の手に渡った際にも大きな効果を発揮します。

これまでに、効果があるパンフレットをつくったことがなければ、実感できないかもしれませんが、多くの会社を指導してきた経験から、**パンフレットは、営業マンの代わりになるほどの効果を発揮する重要なツールであると断言できます。**

最初にしっかりとつくりこめば、ずっと使えますし、営業マンのように、突然会社を辞めてしまうこともないのです。

新規の顧客開拓で苦労している中小企業で、意外にもパンフレットがうまく活用されていないことが残念です。

もちろん、ホームページも同じです。

ホームページは、しっかりとつくり込めば、新規のお客様に自動で営業をしてくれるツールになります。

このことも、成功体験がない会社が聞けば、耳を疑うかもしれません。しかし、カテゴリーキラーの指導後に、ホームページからの問い合わせが何倍にもなるということは、普通にあることです。

カテゴリーキラーの販売直後から、ホームページ経由で取材が殺到したり、製造しきれないほどの注文が入り、工場がフル稼働になるということも珍しくありません。

過去に、パンフレットやホームページにお金をかけたけど、効果がなかったという社長もいるでしょう。その場合は、そもそも「カテゴリーキラーがない」もしくは、それらを「魅力的に打ち出すことができていない」かのどちらかです。

「社内」を巻き込んで、市場を創る！

会社経営の要素を大きく見ると、「組織」と「戦略」に分けて考えることができます。どちらもうまくいっている会社は、しっかりと売上も利益も出ている優良企業でしょう。しかし、中小企業で、このバランスが取れている会社は、非常に少ないです。ですから、社長は、常に「組織」と「戦略」のバランスを取るために、日々エネルギーを注いでいます。

今後、あなたがカテゴリーキラーを生み出すために、しっかりと「戦略」をつくり込んだとしても、それが「組織」に浸透できなければ、うまく実行されず、成果にはつながりません。

うまく、社内を巻き込んでいく必要があります。しかし、社内を巻き込んでいくことはそんなに簡単ではない、という社長も多いでしょう。

何と言っても、中小企業は、人の問題があります。つまり、働いている方の能力的な問題や、やる気の問題です。

「能力が高く、前向きでバリバリやる」という人財がたくさんいれば、社長として、それほど安心できることはありません。しかし、実際には多くの社長が、社員に対して、求めるレベルに達していないと不満を持っています。

一生懸命にやっている社員はいるものの、いつも今一つ足りず、残念な思いをさせられてしまう、日々、様々な業種の社長の想いを聞いていますから、そんなイライラを抱えながらご努力されていることを知っています。

一方で、当社のコンサルティングを受ける会社の多くは、社長と一緒にプロジェクトチームで参加しますから、参加された社員の声も耳に入ってくることがあります。気心が知れてくると、会社に対する不満も聞かされます。そういう不満を伝えてくれる社員は、前向きで優秀な方が多いです。

というのは、社長とつながっている私どものようなコンサルタントに不満を伝えることは多少の勇気が必要です。現状をなんとかしたいと本気で考えていなければ、そういう行動をしません。そのような**前向きな社員が考えていることといえば、だいたいが、社長が考えている方向性が見えない**ということです。

しかし、当社には、社長と一緒に今後の「戦略」をつくりに来られますから、回を重ね議論を重ねていくうち、社長が考えていることが明確になっていきます。

さらに、我々が社員の方にも発言の機会を多く与えますので、お互いが抱えているモヤモヤが、少しずつ晴れていきます。

当社のコンサルティングを終えると、すべての「戦略」を**【カテゴリーブランド戦略方針書】**として、1冊にまとめます。この段階では、このモヤモヤが取れるだけでなく、希望を胸に、社長と社員が一緒に向かうべき方向が見えるようになります。

さらに、その【戦略方針書】を、社内で全社的に発表すれば、会社全体に理解が広まり、力強い調和が生まれます。ものすごいエネルギーが出ます。このエネルギーはかなり強力なので、やる気のある社員は水を得た魚のように活躍の場を得て動き始めます。

しかし、やる気がない社員は、これまで以上に会社にいることが苦しくなります。ときとして、会社を去っていく方も出てきます。真剣に考えた「戦略」は、そのくらいのパワーを持っているのです。

このことから、何が言えるかといえば、社長は、頭で描いていることを、論理的にわかりやすく書き出すべきだということです。理解が得られていない原因がそこにあることが多いのです。

社長がどのような「想い」で事業を行っているか、その本気の「想い」や、この先、強化していく商品・サービスに関する方針などについて、市場を俯瞰したうえで、戦略的な視点を盛り込んで【戦略方針書】として、明文化してください。そして、社員に対して、わかりやすく、やさしく説明してください。

前向きな社員ほど、質問が出てくるでしょう。それを面倒だと思わずに、丁寧に対応してください。必要に応じて徹底的に議論を重ねてください。そういう社員こそ、理解が得られたときには社長の「戦略」を実行する協力的な人財に変わります。

もちろん、人によって差はありますが、1人でも目の色を変えて頑張る社員が出てきたり、この先の幹部候補生が見えてきたりすれば儲けものです。

その人を中心に協力しあう輪が広がっていきます。それが社内を巻き込むということです。 これを会社の文化にできれば、非常に強い「組織」が生まれます。

実際のプロジェクトで、これまでに何度もそういう会社を見てきています。プロジェクトで成果を出して、部長になった人や役員になった人もいます。新たにマーケティング室を設けて、そのリーダーとなって大活躍されている方もいます。

本章では、年商10億円最速達成のポイント（3）として、「顧客、メディア、社内の加速巻き込み」について解説しました。いずれも最速でカテゴリーキラーを生み出して、自社独自の市場を創るために欠かせない要素です。

なかなかカテゴリーキラーと言える商品・サービスを生み出せないという方は、一度、これまでの開発プロセスを見直して、ぜひ「顧客」の巻き込みをもう少し意識してください。

また、自信を持っている商品があるのに、なかなか市場が広がらないという方は、お客様に届けるまでの「導線」を見直したり、「メディア」をしっかりと活用したりしてください。

さらに、いつも社長の「想い」や「戦略」が理解されず、組織が空回りしていると感じる方は、ぜひ、「社内」の巻き込みについて、一度じっくり考える機会を持たれるとよいと思います。

10億円達成で社長の夢が叶いはじめる！

私の夢は、「自社商品」で会社を成長させることです

多くの中小企業が、生き残りをかけて、または、さらなる成長を求めて、売上を上げるために必死に頑張っています。

現在、自社に足りないものは何か？　次の一手は何か？　多くの社長が、自社なりの課題を設定して取り組まれています。資金の問題、人の採用の問題、現場のオペレーションの問題、営業の問題、どれも大切なことばかりです。

私がこれまで、13年間にわたって３００社以上の指導をしてきた経験から言えることは、これらの問題の多くは、カテゴリーキラーを生み出して、力強く売上を上げていくことができれば、自然に解決されていきます。

カテゴリーキラーで、顧客が増える。競合他社には真似できない領域で、利益を生み出すことができる。さらに、品揃えを充実させて、どんどんカテゴリーキラ

ーの存在を高めて、カテゴリーブランドになる。

この流れができてくると、売上が上がってくるだけでなく、業界で一目置かれ、よい人財も集まるようになります。

中小企業でも、カテゴリーキラーを生み出して、このように流れをよい方向に変えることができた会社が実際にたくさん存在します。

そのためには、まずは**社長が自ら、自社にカテゴリーキラーが必要だということを認識して、行動することが大切です。**

実は、本書で紹介した食品メーカーのS社長は、事業承継したばかりの新人社長です。社長交代から、わずか3年で、長らく年商5億円の会社を年商10億円にまで成長させています。

S社長は、最初に当社の指導を受けた際、売れなかった商品が、カテゴリーキラーとなって、ものすごい勢いで売れたのを目の当たりにしました。そのときに重要なことに気づきました。それは、

「**今後、自社が力強く成長していくためは、カテゴリーキラーを生み出すことが**

できる会社になることだ。そのためには、まず社長の自分が、カテゴリーキラーを生み出すための戦略をつくれるようにならないといけない」

ということです。

S社長には、夢がありました。

それは、それまで受託の仕事が9割以上を占めていましたが、受託事業に頼らず、なんとしても自社商品で会社を成長させたいというものです。

もちろん、受託の仕事があることはありがたいですが、**自ら企画をした商品が、カテゴリーキラーとなって売れ、自社商品でしっかり売上と利益を出せる会社をつくることが、S社長の心からの願いでした。**

受託の仕事は、どんな業種でも、仕事を依頼する企業が最適な価格を求めます。どんなに関係性がよくても、担当者が変わるなどの節目で、いずれは競合各社と比較され、年々価格が厳しくなっていく構造にあります。

もちろん、独自の技術などでカテゴリーキラーを持つ会社は別ですが、そうではない多くの会社は価格競争に巻き込まれ、年々利益が出なくなっていきます。

そういう会社の多くは、大口顧客で会社がもっているというケースがほとんどです。そして、大口顧客を失った瞬間に、経営が成り立たなくなります。

そうなる前に、しっかりと手を打っておく必要があります。必ず、そういう時期がやってくるとわかっていれば手を打たない理由はありません。

S社長のように、自社商品として、カテゴリーキラーを生み出していく方向性もありますが、受託事業そのものをいかにカテゴリーキラーにしていくか、というやり方もあります。

どちらにしても、本書でお伝えしてきたとおり、しっかりと「戦略」をつくりこんで、ぶれない経営をしていく必要があります。中小企業は、S社長のように、カテゴリーキラーを生み出せるようになる必要があります。

その後、S社長は、1つのカテゴリーキラーの成功で満足せずに、当社の指導を受けながら、夢に向かって、継続的に、カテゴリーキラーを生み出す挑戦を繰り返していきました。

そして、1つ、2つと満足できるカテゴリーキラーを生み出せるようになって、成功を積み重ねていきました。

S社長は、実践を通じてコツを掴んだのです。

コツを掴んだということは、売れる商品・サービスを生み出す「戦略」のつくり方を、頭だけでなく、体験を通じて理解できたということです。

コツを掴んで、連続的にヒットを生み出す！

S社長が、カテゴリーキラーを生み出すコツを掴んだということは、自社を成長させるための航海マップを得たと言っても過言ではありません。経営上の大きなメリットです。

S社長のように、コツを掴むということがとても大切です。当社には、カテゴリーキラーづくりのコツを掴もうとする社長からの相談が後を絶ちません。そして、これまでに、多くの業種の会社が挑戦され、そして成功体験を通じて、コツを掴んでいます。

この原稿を書いている現在も、カテゴリーキラーを生み出して、嬉しい報告をいただいた会社があります。その会社は、中堅の家電メーカーです。

同社は、昔から使われている、趣味性の高い生活家電を広めたく、カテゴリーキラーづくりに挑戦しました。

実は、その商品は、昔は一家に1台あるほど普及した商品ですが、今は時代の流れであまり売れなくなっていました。そこで、この中堅家電メーカーの社長は、社運をかけて、もう一度「一家に1台普及させる」ことを夢見て、一生懸命にカテゴリーキラーづくりに取り組みました。

結果としては、1年も経たないうちに、カテゴリーキラーを生み出して、一大ブームを起こしました。

発売開始と同時に、納品まで数か月待ちになるほどの注文が入りました。この勢いは止まらず、一時は自社の通販サイトのサーバーがダウンするほどで、予約さえ受けられなくなりました。**製造現場は、大忙しで嬉しい悲鳴をあげました。同社**

は、高く掲げていた目標の3倍を超える売上を生み出したのです。

そして、テレビ、新聞、雑誌各社がこの中堅家電メーカーの快進撃を取り上げました。まさに、「一家に1台普及させる」という夢に近づいています。

そして現在、同社は1つのカテゴリーキラーを生み出すことに成功しただけでなく、この成功を再現できるようになるために、さらなる指導を受けて、次のカテゴリーキラーづくりにも挑戦しています。

この中堅家電メーカーの社長も、食品メーカーのS社長などの成功例を見て、カテゴリーキラーを生み出し、カテゴリーブランドをつくる流れをつくろうとしています。また、そのコツを掴もうとしているのです。

「スーパー知財」のところで紹介した、「歩ける椅子」を開発した金型メーカーも、大きな夢を掲げてカテゴリーキラーづくりに挑戦した会社の1つです。

当社の指導を受けた当時は、社長が事業を引き継いだばかりでした。単に事業を引き継いだだけでなく、後継者がいない会社を2社同時期にM&Aして、一緒にやっていくことになり大変な状況でした。

そこで、当社の指導を受けながら、今後の会社が向かっていくべき方向性を見出していきました。指導テーマは、会社のブランディングです。

そして、ブランディングの中核として導き出したコンセプトが、「**アイデアと技術力のものづくりパートナー**」です。

当時は、受託のものづくり事業が価格競争に巻き込まれている状況でした。言われたものをつくるだけの会社では、どうしても価格勝負になってしまいます。この状況を脱却して、「**顧客に開発段階から相談される会社になる**」**ことが社長の夢でした**。このコンセプトには、そのような社長の想いが込められています。

コンセプトを打ち出したところから、同社は変わっていきました。まず、受託の仕事の問い合わせが増えました。

さらに、自社商品開発にも取り組んでいきました。そして、最初に開発した雑貨商品が、見事に世界各国で売れるカテゴリーキラーになりました。会社の雰囲気は、一気に明るくなっていきました。

同社は、そこで手を止めずに、次々とカテゴリーキラーづくりに挑戦していきました。

その流れで、近年生み出したのが「歩ける椅子」です。「歩ける椅子」は、カテゴリーキラーとして、著名なテレビ、新聞、雑誌等のメディア各社からひっぱりだこになり、経産省などが主催する「ものづくり日本大賞」でも優秀賞を受賞するなど、素晴らしい実績を上げています。

このように、コツを掴んで、連続的にカテゴリーキラーを生み出せるようになったことは、ものづくりを依頼する顧客企業にとって大きな信頼になります。

社長からは、次の報告を受けました。

「今では毎日問い合わせが来るようになりました。しかも、以前は当て馬のような相見積もりの依頼が多かったのですが、今は、ものづくりにおける課題解決の糸口を求めてくる方がほとんどです」

夢は現実のものとなりました。さらに、イタリアのものづくりの祭典「ミラノサローネ」にも出展するなど、海外にも目を向けて積極的に活動をしています。

話を食品メーカーのS社長に戻しますが、前述のとおり、S社長は、カテゴリーキラーを生み出し、カテゴリーブランドをつくることができるようになりました。

そして、この繰り返しで、まとまった売上をつくり、最速で会社の年商を倍の10億円まで伸ばすことができました。

S社長がカテゴリーキラーを生み出していくことによって、受託の比率は下がり、自社商品の売上比率がどんどん高まっていきました。利益率が高い自社商品が売れることによって、会社の収益体質は、改善されていきました。

収益体質が改善すると、より多くの給与が払えたり、よい人財が雇えるようになったりするだけでなく、受託の仕事で抱えていたストレスが軽減されることも1つの魅力です。


少し前に、S社長からこんな報告を受けました。

「先生、お陰様で、あれからうちの新商品のヒット率は、5倍以上になりました。続々と、連続的にヒット商品が誕生するようになって驚いています。

今は、受託事業の比率がぐっと下がり、自社商品の売上がメインになりました。本当にありがとうございます。今後は、海外での展開にも力を入れていこうと思っ

ています。既に、一部の地域では販売を開始していますが、順調に売れ始めています」

まさに、S社長の夢が実現できているだけでなく、年商10億円を超えて、新たな夢に向かって歩み始めています。さらに、S社長は、ご自身で得たカテゴリーキラーづくりの手法を、他の社員でも実践できるように、教育にも力を入れています。きっと、同社はここから、さらに発展していくでしょう。

今、中小企業の多くが事業承継の問題を抱えています。なかなか後を継ぐ経営者が見つからない、または、次の経営者が決まっていたとしても、安心して引き継げないという会社がほとんどです。

そんな中で、S社長のように、会社を引き継いだ社長が、わずか3年でこのような実績を上げたことは、本当に素晴らしいと思います。後を譲った経営者が安心することはもちろんですが、何よりもS社長自身が、自信と希望をもって経営していくことができます。

新社長が、自社にふさわしい「戦略」で独自の市場を創り上げていく、このことをできるようになることが、中小企業の真の事業承継と言えます。

カテゴリーキラーで、あなたの会社が大きく変わる

本書では、中小企業の経営者に向けて、年商10億円最速達成の３大ポイントをお伝えしてきました。

ポイント1では、ビジネスの「切り口」を7つお伝えしました。これ以外にも「切り口」はたくさんあると思いますが、ぜひ、そのような「切り口」を見る目を養っていただき、経営に活かしていただきたいと思います。

また、ポイント2では、カテゴリーキラーを生み出す際の重要な要素として、いかにして「トンガリ」を出すかについて具体事例をもとに解説しました。

この「トンガリ」を出すことはそう簡単ではありませんが、一度立ち止まって、あなたの事業がどの程度「トンガリ」があるのか、一歩引いて、業界全体の視点から考えてみてください。まずは、自社には「トンガリ」があるのかないのか、そのことを認識することが大切です。

さらに、ポイント3では、カテゴリーキラーを加速的に市場へ浸透させていく

ために、「顧客」、「メディア」、「社内」の加速巻き込みについて解説しました。

この点についても、自社に足りないものは何かを検証してみてください。1つでも改善できれば、売上の拡大につながります。


本書を執筆している現在、コロナ禍で多くの会社が窮地に立たされています。

誰も予測できなかったこのような事態においては、多くの社長が悲観的になってしまうと思います。

しかし、こんな状況でも当社には「夢」と希望を持ち、前向きに経営する社長が続々と来られています。オンラインで、月例の経営者セミナーやコンサルティングに参加しながら、カテゴリーキラーづくりに挑戦しています。

そういった社長に共通することは、とてもポジティブであるということです。どんな状況でも、将来のビジョン、つまり大きな「夢」を持って経営をしています。

中には、コロナ禍で大きく変わる市場にあわせて素早くカテゴリーキラーを投入し、大きな売上を生み出している、そんな会社が実際に複数社あります。

そのような会社は、コロナ禍が起こる半年、1年も前に当社にきて、「夢」の実現に向けて準備をしています。平時から備えていればこそ、緊急時にそういった打ち手が打てるのです。

中小企業は、カテゴリーキラーを持つことで、会社が大きく変わります。カテゴリーキラーを生み出せる会社になることで、会社がどんどんよくなります。社長が持つ「夢」の実現に近づいていきます。

その改革の先頭には、社長が立ってほしい。繰り返しお伝えしてきましたが、中小企業は、社長以外に本気でやれる人はまずいません。

私どものまわりでは、本書で紹介したS社長のように経験が浅い社長や、業界にどっぷりはまっていた社長が、一生懸命にカテゴリーキラーを生み出して、大きな「夢」を実現しています。

ぜひ、あなたの会社らしいカテゴリーキラーを生み出して、今の会社を年商10億円はもとより、50億円、１００億円と成長させてください。

あなたの「夢」を実現させてください。

〈株式会社ミスターマーケティング・指導実績例〉

【業務用モニター製造】メイン商材のカテゴリーキラー化・6か月で年商2・5倍増【家電製造】カテゴリーキラー商品の創出・目標売上3倍超・全商品完売3か月待ちの大型ヒット【ハウジングサービス】不調事業のリブランディング・前年比売上3倍増【家電製造】不調商品のカテゴリーキラー化・年間数千台から10万台超に・カテゴリーキラー実現・日経MJ第一面を飾るヒット商品に【食品製造】既存商品のカテゴリーキラー化で売上30倍増・年商5億から10億円に【金型製造】初の商品開発にて世界中で売れるヒット商品を実現・受託事業も価格競争からの脱却に成功・その後医療分野へ進出し好調・著名番組メディアで多数出演【輸入商社】大口顧客を失注するもカテゴリーキラー商品投入で経営V字回復・黒字化【紙加工】下請け脱却の自社商品をカテゴリーキラー化・DIYホームセンターショー金賞受賞・売上100倍増・皇室献上【雑貨製造】販売不振からカテゴリーキラー化・初年度から3万個・2億円を売る話題の商品に【食品製造】カテゴリーキラー戦略・大口顧客開拓躍進・翌月から売上130%増【飲料水製造】売上2倍増！デザイン本で紹介されるカテゴリーキラー商品に【歯科医院】廃業に追い込まれるもカテゴリー

キラー戦略で新規患者が4倍増・年商3倍増・個人歯科医院トップレベルの売上規模へ【洋食店】事業撤退寸前でカテゴリーキラー転換に成功・事業継続・2か月で売上2倍増【中華店】カテゴリーキラー創出・赤字経営脱却・新規客3倍増【クリニック】廃業店をカテゴリーキラー化し再起・スタッフ数は2名から20名以上に【遊戯施設】全社でカテゴリーキラー戦略に取り組み1年で会員来店率120％増【不動産賃貸】カテゴリーキラー創出に成功し業界注目店に・メディア絶賛【鮮魚店】日経MJで紹介されたカテゴリーキラー戦略・商店街活性化プロジェクト大成功【整体院】不調店再起・カテゴリーキラー戦略わずか3か月で売上2倍増・新店舗展開も【WEB通販】カテゴリーキラー戦略でポジショニングを確立しブランド展開・リピート率4倍増【会計事務所】カテゴリーキラー戦略でCI変更に挑戦・人財の応募数が2倍増に【食品製造】カテゴリーキラー商品で躍進・リッツカールトン他高級ホテル続々成約【家電製造】調理家電のカテゴリーキラーがヒットし売上5倍増【食品販売】カテゴリーキラーのリピート率2倍増・客単価2倍増【建材製造】新商品のカテゴリーキラー化・見込客5000件獲得・顧客単価1・4倍増

※参照・成功事例はインタビュー記事にて公開（https://www.mr-m.co.jp）

著者略歴

村松　勝（むらまつ　まさる）

株式会社ミスターマーケティング　代表取締役　代表コンサルタント。

電通グループ企業にて、大手企業各社のダイレクトマーケティングを経験後、2007年に株式会社ミスターマーケティングを創業。主に年商数千万円～50億円規模の会社に対して、「カテゴリーキラーづくり」の指導を行っている。過去10年間で、300社を超える指導を行い、新規事業にて数年で10億円の売上創出。不調商品を売上10倍増へ（3年間で6億円の売上増）、初年度から3万個・2億円以上売れる新商品開発、廃業寸前の店舗の事業再生（年商3倍増）等の多くの実績を上げている。

吉田　隆太（よしだ　りゅうた）

株式会社ミスターマーケティング　取締役　代表コンサルタント。

株式会社ミスミにて新規事業開発、新商品開発などのマーケティングを手掛ける。

退職後、株式会社ミスターマーケティングに創業メンバーとして参画。

サンダーバードアメリカ国際経営大学院経営学修士（ＭＢＡ）、経済産業省 中小企業診断士。

著書
『儲かる１０億円ヒット商品をつくる！カテゴリーキラー戦略』（セルバ出版）、
『本当に儲かるスーパーブランディング　自然と顧客が増える「シズル開発法」』（セルバ出版）

年商10億円最速達成の３大ポイント

2020年 10月14日　初版発行

著　者　村松　勝 © Masaru Muramatsu
　　　　　吉田　隆太 © Ryuta Yoshida

発行人　森　忠順

発行所　株式会社 セルバ出版
〒 113-0034
東京都文京区湯島１丁目 12 番６号 高関ビル５Ｂ
☎ 03（5812）1178　　FAX 03（5812）1188
https://seluba.co.jp/

発　売　株式会社 三省堂書店／創英社
〒 101-0051
東京都千代田区神田神保町１丁目１番地
☎ 03（3291）2295　　FAX 03（3292）7687

印刷・製本　モリモト印刷株式会社

Printed in JAPAN
ISBN978-4-86367-616-9